그림예배자

아버지 마음을 그리는
은요공의 말씀묵상

그림예배자

글·그림 **은요공**

규장

성경 본문은 개역개정과 우리말성경을 사용했습니다.

예배는 광야에서 주님과 함께하는
특별한 피크닉이었습니다.
보리떡 다섯 개와 물고기 두 마리뿐이지만
제 전부인 도시락을 주님께 드렸습니다.
주님은 미소 지으며 축사하신 후에
많은 이에게 나눠주셨지요.
제 눈은 휘둥그레졌고
예배는 축제가 되었습니다.

인트로

① 나를 지으신 최고의 아티스트 ♥ 25

② 그의 얼굴을 구하며 그리다 ♥ 61

③ 나의 사랑, 예수 그리스도 ♥ 91

CONTENTS

그분과 광야로 여행을 떠나다 ♥ 137

난 작지만 주님의 큰 용사로 세우셨나니 ♥ 197

6
예배, 그분과 나의 사랑의 교제 ♥ 255

아버지를 닮는다는 것은 ♥ 300

Intro

아버지를 그리며,
아버지를 기뻐하며

그림으로 예배하다

은요공Prayer0127은 제 작가명입니다.

2015년 한국에서 일러스트레이터로 활동하려고 할 즈음

제 절친이 지어준 이름이지요.

본명인 은하의 '은'과 '요'점 '공'주의 앞 글자를

따서 요점만 콕콕 찍어 표현하는

일러스트레이터가 되라고 지어주었어요.

뜻은 좋지만 '공주'란 말이 조금 오글거려서

은혜 은, 빛날 요, 장인 공, '은혜 입은 빛나는 장인'이 될 거라고

나름 거창한 의미도 살짝 입혀 보았습니다.

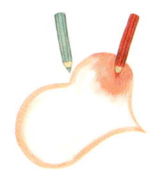

성경도 이름에 큰 의미를 부여하는 걸 알기 때문이지요.
그래서 특이하면서 의미 있는 작가명을 갖고 싶었어요.

제겐 작가명 외에도 이름이 많습니다.
'은恩 하河'라는 한국 이름이 있고,
고등학교 때 미국으로 이민을 가서 시민권을 취득하고
Eunice Eun Ha Kim 유니스 은하 킴이라는 이름도 생겼지요.
'유니스'는 성경 속 유니게의 미국식 발음입니다.
'행복한 승리'란 뜻을 가진 믿음 좋은
여인의 이름을 갖게 되어 행복했지요.
이처럼 온갖 좋은 이름을 가졌지만
과연 그에 걸맞는 삶을 사는가는 별개였어요.

저는 4대째 모태 신앙인이에요.
강화도 태생인 증조할아버지가 어느 날 밭일을 가다가
인근 바닷가에서 돛단배에서 막 내리신
성공회 서양 선교사님을 만났다고 합니다.
그 분이 "예수 믿으시오"라고 하셔서 뜻도 모르고
"예"라고 대답했고, 바로 선교사님 손에 이끌려
그 바다에서 물세례를 받았다고 합니다.
이후 강화도에 최초로 교회가 탄생했고
복음이 전파되었다고 해요.

그래서 제게는 어릴 때부터
교회의 문화가 자연스럽게 스며들었지요.
또 건축가였던 아버지와 그래픽 디자이너였던
어머니의 영향으로 화가의 꿈을 막연히 꾸었습니다.
그런데 1988년 봄, 고등학교를 한달 남짓 다니다가
우리 가족은 미국으로 이민을 가게 되었습니다.
한국에서도 부족함 없이 지냈지만
자녀에게 더 나은 교육환경과 기회를 주고 싶은
모험심 강한 부모님 덕분이었지요.

당시만 해도 지금처럼 한류韓流, Kpop 같은 것이 없어
한국이 어느 대륙에 있는 나라인시 모르는
미국인들이 태반이었지요.
우리 가족은 시카고 일리노이 주,
그것도 한국인이 거의 없는 곳에 정착해
생전 처음 해보는 일을 하며 힘든 나날을 보냈습니다.
부모님은 전공과 전혀 관계없는 세탁소 사업으로 바빴고,
저는 점점 말이 없는 아이로 변해갔지요.

어떤 아이는 제가 하도 말이 없어서
농아聾兒인 줄 알고 수화로 말을 걸기도 했어요.
저를 저답게 하는 건 오직 '그림'이었습니다.
학교에서도 인정받아 미술상을 받으며 졸업했고,
제 꿈은 시카고 최고의 미술학교인
'스쿨 오브 디 아트 인스티튜트 오브 시카고'에
가는 것이었습니다.
그곳에 가면 인정받는 느낌이 들 것 같았어요.
그러나 주님은 그 길을 막으셨습니다.

심지어 저보다 못한다고 생각했던 친구들은 다 입학했는데,
저만 입학 허가가 나지 않았지요.
이해되지 않았고 눈물만 났습니다.
막연했지만 순수하게 하나님의 아름다움과 선하심을 담은
멋진 작품으로 문화 사역을 하고 싶었습니다.
그래서 어린 마음에 당연히 하나님께서
최고의 미술대학에 붙여주실 거라고 기대했지요.
추천서를 써준 고등학교 미술 선생님도 제 합격을 예상했고요.
그런데 결과는 참담했습니다.

결국 마음을 다잡고 다른 학교에 입학해
필름과 애니메이션을 전공했습니다.
그 무렵 디즈니 만화영화 붐이 일었어요.
저는 화려한 색채와 움직이는 그림에 매료되어
애니메이션으로 하나님의 아름다움을
전하고 싶은 열망이 생겼지요.
그래서 디즈니 사에 입사하는 꿈을 꾸었어요.
하지만 주님은 그 길도 막으셨습니다.

주님께서 문화 사역의 꿈을 주셨고,
모든 걸 아름답게 이루신다는 기도 응답을 받았기에
저만 열심히 하면 평탄하게 이끌어주실 줄 알았습니다.
그러나 그것은 고난의 길, 암흑 같은 길이었어요.
젊은 시절의 저는 제 힘으로 모든 걸 하려 했어요.
무조건 열심히 하면 될 거라고 생각했던
다혈질의 베드로와 같았습니다.
결국 제가 상상했던 거창한 위대함 없이
이 일 저 일 전전하다가 프리랜서의 길을 걷게 되었지요.
잘되는 시기도 있었지만 대부분 어려운 나날이었어요.

미디안 광야에서 양을 치던 모세가 떠올랐습니다.

그는 굳센 믿음과 성실함이 있었지만

저는 마지못해 광야를 헤매는 방랑자였지요.

일상에 치여 점점 주님이 주신 꿈이 흐릿해질 무렵,

교회에서 믿음의 동역자를 만났습니다.

제 꿈을 위해 기도해주던 그 친구를 따라

2011년 한국에 오게 되었어요.

20여 년 만에 찾은 고국은 모든 게 낯설었지요.

그러나 여전히 교만하여 막연히 한국에 오면

굉장히 잘나갈 거라고 착각했습니다.

몇 차례 공모전 수상과 전시회, 드라마에

제 일러스트가 나오는 짜릿한 순간도 있었지만

제 기준으로 '잘나가진' 않았어요.

미국에서도 그랬지만 제 그림 스타일이

한국 일러스트와 좀 다르게 느껴졌습니다.

한 인간으로서나 예술가로서

어디에도 속하지 못하는 사람처럼 느껴졌지요.

그제야 비로소 제가 많이 부족함을 깨달았습니다.

주님께서 주신 꿈과 비전은 컸지만 그 꿈을 담기엔
아직 준비되지 못한 그릇임을 알았지요.
말로는 "주님의 아티스트가 되겠다"라고 하면서
여전히 세상 인정에 목마른 믿음 적은 자일 뿐이었어요.

아버지의 얼굴을 구하다

'도대체 주님을 위한 작품을 어떻게 만들면 좋을까?'
수없이 생각하며 방황했습니다.
세상과 하나님을 이어주는, 영성 깊고
세상에서도 인정받는 작품을 만들고 싶었지요.
그러나 당시 제 영성으론 그런 작품이
불가능하게 느껴졌습니다.
'혹시 나는 하나님을 팔아 성전에서
비둘기 장사를 하려는 사람은 아닌가?'
이런 생각까지 들었지요.
괴로운 마음으로 제 생각을 내려놓고
기도하기 시작했습니다.
그러자 주님은 미세한 음성으로 말씀하셨어요.

'내 얼굴을 구하라.'

이 말씀은 주님의 임재를 구하라는 것이었지만
아티스트인 제게는 새롭게 다가왔습니다.
말 그대로 주님의 얼굴을 구하고 싶었지요.
제가 아는 예수님을 그려보고 싶었습니다.

예수님을 실제로 뵌 적은 없지만,
말씀을 통해 제가 경험한
그분의 사랑스러움과 따스함을
성경 구절과 함께 그려보았습니다.

2019년 어느 가을날, 몇 달을 스케치만 하다가
용기 내어 SNS에 올리기 시작했습니다.
'은요공'과 함께 외국 유저들을 위한
닉네임 Prayer0127도 더했어요.
은요공, 은혜 입은 빛나는 장인도 좋지만
제 생일을 조합해 1월 27에 태어난 기도하는 사람,
주님과 소통하는 한 사람이 되고 싶었지요.

어릴 때 제 꿈은 멋지고 유명한 화가가 되는 거였습니다.
세상의 바다에서 사람의 관심과 인기,
부를 낚고 있던 제게 주님은 다가오셔서
사람의 영혼을 낚는 어부가 되라고 말씀하셨어요.
'문화 사역'이라는 단어조차 생소했던 시절,
제 마음에 소원을 심어주셨고 아름답게
이뤄나가실 거란 믿음도 주셨습니다.
저는 그저 주님이 좋았기에 그분의 나라와 문화를
이 땅에 세우고 싶었습니다.
그러나 그 길은 녹록지 않았어요.

아무것도 한 게 없는 듯한데
어느덧 세월이 흘러 중년이 되었습니다.
그럼에도 그 꿈을 흐릿하게나마 놓지 않고 있었지요.
그 사이 SNS라는 플랫폼이 생겨 세계 여러 나라와
실시간으로 소통하는 시대가 되었습니다.
기도 가운데 주님과 그분의 말씀을
은혜받은 대로 표현해보고 싶었습니다.
사람들이 자신이 좋아하는 것이나 소중한 것을
SNS에 올리듯이 전 그저 저만의 사랑스러운 예수님을
올리고 저장해두고 싶었어요.

더 나아가 제가 좋아하는 그림과 글이라는 매체로
예배드리고 싶다는 생각이 들었습니다.
가난한 아티스트인 제게 있는 가장 귀한 건
주님께서 주신 그림을 그릴 능력뿐이었지요.
비록 보리떡 다섯 개와 생선 두 마리와 같은 실력이지만
사랑을 꾹꾹 담아 그릴 자신은 있었습니다.

'그림예배'를 올리기 시작하면서 "아멘"으로 화답하며
함께 예배하는 사람이 하나둘 늘어났어요.
처음에는 한국어와 영어로 성경 말씀을 올렸습니다.
그런데 한류의 영향인지 한국의 문화를 사랑하고
예술을 좋아해서 한국어를 배우기 원하는
남미의 청소년들이 몰려오기 시작했지요.
그들을 위해 스페인어와 포르투갈어 성경을 찾아
함께 올렸고, 자국어 성경 구절을 올려줘서
고맙다는 댓글과 메시지를 정말 많이 받았습니다.
그저 은혜받은 대로 그림을 그리고
그들의 언어로 성경 말씀을 써서 올렸을 뿐인데
놀라운 반응에 어안이 벙벙하면서도 감격스러웠지요.

그 후 기도 가운데 마음으로 품었던 나라의 언어를
하나둘 더해갔습니다.
2018년, 인도네시아로 단기 선교를 다녀오며
애틋한 마음이 생겨 인도네시아어를 추가했어요.
처음에는 무슬림 인도네시아인의 악플이 달리기도 했지만
대부분은 감사와 아멘으로 화답하는 축복의 말이었습니다.
이슬람권인 인도네시아에 예수님을 사랑하는
크리스천 청소년이 그렇게 많다는 걸 처음 알았습니다.
하나님께서 하시는 일들이 정말 놀라웠지요.
많은 인도네시아 청소년이 기도를 요청했고,
제 계정을 팔로잉하는 수도 점점 많아졌습니다.
늘 마음에 있던 일본을 위해 일본어로도 올리고,
댓글 요청이 있어 프랑스어와 터키어도 올렸습니다.

2022년 6월 현재는
한국어, 영어, 스페인어, 인도네시아어, 포르투갈어, 프랑스어,
일본어, 터키어 등 8개 언어로 성경 구절을 올리고 있어요.

Oui, vous êtes vraiment ses enfants. La preuve, c'est que Dieu a envoyé dans nos cœurs l'Esprit de son Fils, l'Esprit qui nous fait dire : « Abba ! Père ! »

Galates 4 : 6

Because you are his sons, God sent the Spirit of his Son into our hearts, the Spirit who calls out, "Abba, Father."

Galatians 4 : 6

Y por cuanto sois hijos, Dios envió a vuestros corazones el Espíritu de su Hijo, el cual clama: ¡Abba, Padre!

Gálatas 4 : 6

Dan karena kamu adalah anak, maka Allah telah menyuruh Roh Anak-Nya ke dalam hati kita, yang berseru: "ya Abba, ya Bapa!"

Galatia 4 : 6

너희가 아들이므로 하나님이 그 아들의 영을 우리 마음 가운데 보내사 아빠 아버지라 부르게 하셨느니라

갈라디아서 4 : 6

E, para mostrar que vocês são seus filhos, Deus enviou o Espírito do seu Filho ao nosso coração, o Espírito que exclama: "Pai, meu Pai."

Gálatas 4 : 6

このように、あなたがたは子であるのだから、神はわたしたちの心の中に、「アバ、父よ」と呼ぶ御子の靈を送って下さったのである。

ガラテヤ人への手紙 4 : 6

Oğullar olduğunuz için Tanrı öz Oğlu'nun "Abba! Baba!" diye seslenen Ruhu'nu yüreklerinize gönderdi.

GALATYALILAR 4 : 6

성경 구절을 한 획 한 획 그리듯 그 나라 언어로 쓰는 게
쉽지는 않지만 쓸 때마다 벅찬 감정이 듭니다.
세계 여러 나라 사람들이 각 언어로 "아멘" 하고 화답할 때면
온 족속과 민족이 함께 예배드리는 것 같아 전율을 느끼지요.
이 모두가 제가 계획한 게 아님을 너무도 잘 압니다.

밤새 자기 힘으로 물고기를 낚으려 온 힘을 다 쓴
그 아침의 베드로처럼 제 힘이 다 빠져있을 때
주님은 따라오라 하셨고,
저는 따라가 그물을 내린 것밖에 없습니다.
앞으로 제 미래가 어떻게 될지 모릅니다.
그저 지금 이 순간 주님의 명령을 따라
잃어버린 영혼들을 향해 그물을 내릴 뿐이지요.
낚게 하시는 것은 오직 주님께 달렸고,
물고기를 잡든 못 잡든 주님과 함께
낚시 가는 여정이 즐거울 뿐입니다.
중요한 건 주님의 얼굴을 구하는 일이에요.
그분의 임재가 함께하는 것이지요.
그분과 함께라면 바닷가든 광야든 상관없습니다.

저는 주님이 그물을 내리라 하시는 곳에 내릴 것이고,
걸어야 할 광야에서 주님과 피크닉을 하겠습니다.
사랑하는 주님이 미소 지으며 동행하는 그곳이
바로 축제의 장이며 천국이기 때문입니다.

그림이든 제 삶이든
제게 주신 모든 것으로 예배드리는
한 사람의 예배자, 기도하는 사람이 되고 싶습니다.

> 오 하나님이여, 민족들이 주를
> 찬양하게 하소서. 모든 민족들이
> 주를 찬송하게 하소서.
>
> 시편 67:3

야곱아 너를 창조하신 여호와께서 지금 말씀하시느니라
이스라엘아 너를 지으신 이가 말씀하시느니라
너는 두려워하지 말라 내가 너를 구속하였고
내가 너를 지명하여 불렀나니 너는 내 것이라

이사야 43:1

Part 1

나를 지으신 최고의 아티스트

주님, "야곱아"라고 부르시는 자리에
제 이름을 넣어봅니다.

은하야, 너를 창조하신 여호와께서 지금 말씀하시느니라
유니스야, 너를 지으신 이가 말씀하시느니라
너는 두려워하지 말라 내가 너를 구속하였고
내가 너를 지명하여 불렀나니 너는 내 것이라

주님이 제 이름을 아시고 저를 창조하신 분이라니!
말로 형용할 수 없는 가슴 벅참이 밀려옵니다.
저도 주님의 리틀 아티스트artist이기에
'창조주 하나님'의 성품이 더 특별하게 느껴집니다.
저를 만드실 때 얼마나 고심하셨을지,
다 만드신 후에 얼마나 기쁘셨을지 그 마음이 느껴집니다.

창조물인 제가 창조주 하나님을 그리는 것 자체가
말도 안 되는 일인지 모르지만,
아이가 엄마 아빠의 모습을 자기가 할 수 있는
최선을 다해 그려드리고픈 마음이라고나 할까요?

제게 예배란 그런 것입니다.
온 맘 다해 제 모든 걸 드리는 사랑 표현이지요.

아버지,
천국 냉장고에 제 그림을 붙여놓고
한 번씩 씨익 웃어주실 거지요?
이런 상상을 하며 두려움을 버립니다.
저는 주님의 것이니까요.

그의 입 기운으로

여호와의 말씀으로 하늘이 지음이 되었으며
그 만상을 그의 입 기운으로 이루었도다

시편 33:6

주님의 입 기운,
주님의 말씀과 호흡으로
이 모든 세계가 지음을 받았습니다.

형용할 수 없는 빛깔의 오로라를 만드셨을 때의
그 입 기운으로 저 귀여운 참새의 날갯짓도 만드셨고,
그 귀한 주님의 입 기운으로
제 코에 생기를 불어넣어 주셨지요.

생명 그 자체이신 주님,
아버지의 숨결은 온 세상에 공기처럼 가득합니다.
그래서 주님의 존재를 부인하는 건,
물고기가 물의 존재를 부인하는 것과 같습니다.

모든 것이 그분을 통해

주님이 만드신 피조물을 바라봅니다.
어찌 그리 놀랍고 아름다운지요!

알록달록 다채로운 빛깔과
경이로운 디자인은 감탄을 자아냅니다.
그 안에 담으신 설계와 생명력은
제 머리로 상상조차 할 수가 없습니다.

주님은 이 세상과 저를 지으신 창조주이십니다.
생명의 근원 되시는 주님 없이는
아무것도 지음 받을 수 없습니다.

누군가 지은 사람이 있듯이

주님,
만물의 신묘막측한 설계와 디자인을 볼 때면
이 모든 게 우연이 아님을 깨닫습니다.
온 우주는 놀라운 주님의 손길로
숨 쉬며 살아 움직입니다.

집마다 지은 사람이 있듯이
감히 헤아릴 수 없이
신기하고 경이로운 세계와 만물은
주님께서 건축자 되심을 온 존재로 증거하지요.

하늘이 하나님의 영광을 선포하고

하늘은 주님의 영광의 빛으로 가득 차고
별들도 온몸을 반짝이며 주님을 찬양합니다.

우주의 설계와 법칙, 빛나는 생명력이
만드신 분의 성품을 드러내지요.

당신이 얼마나 아름답고 위대하신지
온 우주가 나타내고 있습니다.

찬양받기 합당하신 분

여호와여 주께서 하신 일이
어찌 그리 많은지요
주께서 지혜로 그들을
다 지으셨으니
주께서 지으신 것들이
땅에 가득하니이다

시편 104:24

주님은 참으로
다양한 아름다움을 만드셨습니다.

바닷가의 조개와 소라, 성게들은
그 어떤 보석보다 기묘하고 찬란합니다.
주님의 헤아릴 수 없는 지혜의 부요함,
놀라운 미적 감각에 숨이 막힙니다.

주님이 만드신 생명체들이
이토록 놀랍고 사랑스러운 것은
그것을 만드신 최고의 아티스트이신
주님을 그대로 보여주기 때문이겠지요.

지으시고 보존하시오니

주님의 놀라우신 점은
만물을 지으시고 생명을 주신 것입니다.

보기에만 좋은 피조물을 만드신 게 아니라
살아 숨 쉬도록 삶을 부여하셨지요.

모든 만물을 보존하시고
때에 따라 필요를 채우시는
관리자이자 엔지니어시며
만물의 생명 법칙을 주관하시는,
찬양받기 합당하신 유일한 분입니다.

사람이 무엇이기에

주의 손가락으로 만드신 주의 하늘과
주께서 베풀어 두신 달과 별들을 내가 보오니
사람이 무엇이기에 주께서 그를 생각하시며
인자가 무엇이기에 주께서 그를 돌보시나이까

시편 8:3-4

아바 아버지, 제가 창조되기 전
즉 아버지의 손길과 호흡으로 이 세상에 태어나기 전에
당신은 하늘에 달과 별을 달아 놓으시고
이 땅에 온갖 아름다운 생명체를 가득 채워 놓으셨습니다.

그 모습은 마치 아기가 태어나기 전
아기 방을 꾸미는 부모님의 모습과 같습니다.
차이점은 스케일이 정말 대단하시다는 거지요.

제가 머물 방에 달과 별을 달아 꾸며주시고
온갖 동식물 친구들을 만들어 채워주셨어요.
아이에게 인형 친구의 이름을 짓게 하듯
제게 이름을 지어보라며 미소 지으셨지요.

자녀 된 저를 위해 모든 정성과 능력을 쏟아부으신 주님!
오늘도 저 달과 별을 보며 그 사랑을 고스란히 느낍니다.

호흡 있는 모든 것들은

창조주 하나님, 나의 아버지!
제 심장은 주님이 주신 호흡으로
팔딱팔딱 뛰어놀며

제 영혼은 생명력으로
기쁨 가운데
노래를 멈출 수가 없습니다.

주님이 만들어주신 친구들,
호흡 있는 모든 피조물이
아버지를 즐거워하며
기쁨을 이기지 못합니다!
할렐루야!

호흡이 있는 자마다
여호와를 찬양할지어다
할렐루야

시편 150:6

사람이 다스리게 하시고

주의 손으로 만드신 것을
다스리게 하시고
만물을 그의 발 아래 두셨으니

시편 8:6

주님이 제게
선물로 주신 것이 많습니다.
아버지가 아이에게
반려동물을 선물로 주듯
귀중한 생명을 맡기시고
돌보게 하셨습니다.
사람이 다스리게 하셨습니다.

압박과 군림이 아니라
겸손의 왕 되신 주님을 닮아
허락해주신 모든 것을
지혜롭게 가꾸고 돌보며
사랑할 수 있게 도와주세요.

생명수 되시는 주님

아버지가 만드신 세계를 바라보노라면
당신의 지혜와 지식과 능력에 압도당합니다.

저는 감히
그 깊이와 풍성함을 헤아릴 수 없습니다.

마치 한 마리 물고기처럼
생명수 되시는 주님 안에서
기쁘게 노닐 뿐입니다.

깊도다 하나님의 지혜와 지식의 풍성함이여,
그의 판단은 헤아리지 못할 것이며
그의 길은 찾지 못할 것이로다

로마서 11:33

심히 기묘하심이라

주께서 내 내장을
지으시며
나의 모태에서
나를 만드셨나이다
내가 주께 감사하옴은
나를 지으심이 심히
기묘하심이라
주께서 하시는 일이
기이함을 내 영혼이
잘 아나이다

시편 139:13-14

아바 아버지 되시는 주님,

제 세포 하나하나

장기 하나하나를

감히 상상할 수 없이

놀랍게 만드신 주님을 찬양합니다!

자녀가 부모를 닮듯

저는 주님의 형상대로 지음 받았습니다.

아버지의 귀한 손으로 만드신

제 자신을 잘 가꾸며

주님의 자녀답게 살아가게 도와주세요.

아빠를 꼭 닮았네

저는 토기장이이신 주님이
귀한 손으로 지으신 토기입니다.
저를 빚으시고
그 안에 생명을 담아주심에 감사합니다.

어떤 모양이든
주님이 뜻하신 제 모습으로 살아가기를 원합니다.
'아빠를 꼭 닮았네'라는 소리에 미소 지으시는
아버지의 모습을 보고 싶습니다.

매일의 축하

천지를 지으신
여호와께서
시온에서
네게 복을
주실지어다

시편 134:3

천지를 지으시고
또 저를 만드신 아버지께서
하나님의 영적 나라,
시온에서 복을 주신다 약속하셨지요.

주님이 통치하시는 나라에서의 매일은 생일입니다.
아버지의 축복과 선물이 넘치는 축제입니다.
복 되신 주님과 함께 거하며
매일을 축하하며 살기를 원합니다.

싹에 복을 주시나이다

때에 따라 밭에 물을 주시고
밭이랑을 고르게 펴시는 주님은
농부이신 하나님이십니다.

섬세한 손길로 밭이랑을 고르게 펴시며
소나기로 부드럽게 하시는 주님!

연하디 연한 싹에
복을 주시는 그 손길이 따스합니다.
제 삶과 마음 밭도 봄을 맞도록
아버지께 내어 드립니다.

주께서 밭고랑에 물을 넉넉히 대사
그 이랑을 평평하게 하시며
또 단비로 부드럽게 하시고
그 싹에 복을 주시나이다

시편 65:10

영원한 봄

하나님이 모든 것을 지으시되
때를 따라 아름답게 하셨고
또 사람들에게는 영원을 사모하는
마음을 주셨느니라
그러나 하나님이 하시는 일의 시종을
사람으로 측량할 수 없게 하셨도다

전도서 3:11

계절의 처음과 끝을
주관하시는 주님.

씨앗 심는 봄을 지나
열매 맺는 가을을 마치고
해가 끝을 향해 달려갈 때도
주님은 항상 저와 함께하십니다.

섬세한 손길로 만물을 때에 맞춰
아름답게 경영하시는 창조주 되십니다.

생명력 터지는 새싹의 싱그러움과
진하게 물든 낙엽의 깊음 속에서
아버지가 만드신 계절과 시간의 의미를 묵상합니다.

제게 영원을 사모하는 마음을 주신 주님!
제가 사모하는 건 영원 그 자체이신 주님이겠지요.

비록 저는 처음과 끝을 알지 못하지만
시간을 초월한 영원하신 주님의 사랑 가운데
거하길 소망합니다.
주님은 제 영원한 봄이고 천국이십니다.

너희는 내 얼굴을 찾으라 하실 때에
내가 마음으로 주께 말하되
여호와여 내가 주의 얼굴을 찾으리이다 하였나이다
시편 27:8

Part 2

그의 얼굴을 구하며 그리다

주님을 위해 그림을 그리고 싶다고 기도했을 때
주님께선 아버지의 얼굴을 찾으라고 속삭이셨습니다.

주님의 임재를 구하며
말 그대로 아버지를 그리고 싶어졌습니다.
감히 하나님의 얼굴을 그린다니 말도 안 되는 일이었지요.
그러나 골로새서 1장 15절,
하나님의 아들은 보이지 않는 하나님의 형상이라는
말씀을 붙들게 하셨어요.

꿈에서라도 만나 그 사랑스러움을 목격하고 싶었지만
예수님은 제 꿈에 나타나지 않으셨습니다.
대신 성경 곳곳에 생생히 그 모습을 숨겨 놓으셨지요.

이사야서 53장 2절에서
우리가 흠모할 만한 아름다운 것이 없다고 하셨지만
그건 세상적 기준일 것입니다.
주님의 말씀, 행동 모든 걸 합쳐보면
그분은 빛, 사랑, 생명 그 자체이심을 깨닫습니다.

주님께서 하신 말씀을 곰곰히 들여다보면 주님이 보입니다.
주님의 성품과 아름다움, 능력과 생명력이 살아 움직입니다.
어느새 베드로전서 1장 8절이 제 입가로 흘러나옵니다.

예수를 너희가 보지 못하였으나 사랑하는도다
이제도 보지 못하나 믿고
말할 수 없는 영광스러운 즐거움으로 기뻐하니

이철환 작가의 책《예수 믿으면 행복해질까》에 이런 글이 있어요.
"오렌지를 그릴 것인가, 오렌지의 향기를 그릴 것인가."
그 책을 읽고 몇 년 전 제 일기에 쓴 글을 우연히 보았습니다.

"눈보다는 그 눈빛을 그릴 줄 아는 사람이 되고 싶다."

그렇습니다. 저는 주님의 측량할 수 없는 실체를
스케치북에 담기엔 역부족인 피조물입니다.
그러나 수님의 자녀로서 주님을 그려봅니다.
그저 아버지를 흠모하고 사랑하기에
마음껏 주님의 얼굴을 구하며 그려봅니다.

내 얼굴을 찾으라

너희는 내 얼굴을 찾으라 하실 때에
내가 마음으로 주께 말하되
여호와여 내가 주의 얼굴을
찾으리이다 하였나이다

시편 27:8

아바 아버지!
사랑하는 아버지의 얼굴을 바라봅니다.

얼굴 가득
빛보다 아름다운 미소가 저를 맞이합니다.
저를 바라보는 아버지의 얼굴은
사랑 그 자체입니다.

아름다운 아버지의 얼굴을
구하고 또 바랍니다.
제 영혼은 주의 품에서
기쁨을 이기지 못합니다.

주님의 얼굴

오늘도
아이가 부모의 얼굴을 찾듯
아버지를 바라봅니다.
제 영혼은 주님 없이는
고아와 마찬가지입니다.

영원히 나를 사랑하시는 아바 아버지!
능력의 주님은
제가 영원히 의지하는 아버지십니다.
주님을 바라보며
더 알고 닮아가고 싶어요.

여호와와 그의 능력을 구할지어다
그의 얼굴을 항상 구할지어다

시편 105:4

주님으로 채워주세요

주여 내 영혼이
주를 우러러보오니
주여 내 영혼을
기쁘게 하소서

시편 86:4

저를 매일 사랑으로 초대하시는 주님,
주님은 저와 교제하기를 원하십니다.
그것은 또한 제가 만들어진 이유입니다.

여호와를 만날 만한 때,
그 카이로스의 시간에
주님의 사랑에 응답하는 자 되길 원합니다.

사랑하는 주님을 우러러봅니다.
제 영혼을 기쁨 그 자체이신
주님으로 채워주세요.

지혜와 명철

여호와를 경외하는 것이
지혜의 근본이요
거룩하신 자를 아는 것이
명철이니라

잠언 9:10

죄 많고 혼란스러운 세상을
살아가려면 지혜가 필요합니다.

주님을 경외하고 아는 것이
지혜의 근본이요 명철이라 하신 주님!

저는 지혜가 필요합니다.
주님의 자녀답게 살아갈 수 있도록
아버지를 더욱 알게 도와주세요.

네 마음을 내게 주며

세상은 제 모든 감각을 통해
마음을 빼앗으려고 난리입니다.

온갖 화려하고 감각적인
세상 것들에 정신을 못 차리고
주님을 바라보지 못할 때가 많습니다.

그런 저를 주님은
안타깝게 바라보며 기다리십니다.
저와의 교제를 기다리시는 아버지!
제 마음을 주님께 온전히 드리게 도와주세요.

마르지 않는 샘물

진정한 만족과 확신은
세상이나 다른 사람,
제 자신에게서 얻는 게 아니라
오직 주님께로부터 옵니다.

아버지는 제 필요를 채우시며
때에 맞추어 가장 좋은 것을 베풀어주십니다.
그것이 은혜이며 선물이지요.

참 만족은 오직 주님으로부터 옵니다.
주님만이 마르지 않는 샘물처럼
제 갈증을 채워주십니다.

우리가 무슨 일이든지
우리에게서 난 것 같이
스스로 만족할 것이 아니니
우리의 만족은 오직
하나님으로부터 나느니라

고린도후서 3:5

마음이 청결한 자는

마음이 청결한 자는 복이 있나니
그들이 하나님을 볼 것임이요

마태복음 5:8

아버지와 제가 사는 집에 온갖 더러운 먼지와
오물이 가득 찬 상상을 해보았습니다.
거실과 복도에는 세상 근심과 욕심들이
더러운 상자처럼 빽빽이 쌓여
주님이 보이지 않는 지경에 이르렀습니다.
그동안 나태한 마음으로 저지른 제 죄악의 결과입니다.

더는 견딜 수가 없습니다.
나태와 수치심, 죄책감을 떨치고
회개의 빗자루를 듭니다.
울면서 먼지를 쓸고 상자를 나릅니다.
회개의 눈물로 마음을 닦습니다.
그리고 나지막이 기도합니다.

주님과 제 사이를 가로막는 더러운 죄들이
제 몸과 마음에서 씻겨 나가게 도와주세요.
사랑하는 주님의 얼굴을 선명히 바라볼 수 있게 해주세요.

최고의 아티스트

하나님이여
내 속에 정한 마음을 창조하시고
내 안에 정직한 영을 새롭게 하소서

시편 51:10

제 마음을 스케치북 꺼내 펼치듯
정직하게 보여드립니다.

주님은 보혈을 닮은 붉은 색연필로
시린 제 마음을 따뜻하게 채워주십니다.
아버지와 함께 고운 색의 색연필을 깎아
마음을 정결하고 곱게 채워나갑니다.
어두운 부분을 밝게 채워주시고
울며 뭉개진 부분에도
근사한 기법으로 칠해주십니다.

제 속에 정한 마음을 창조하시는 주님은
최고의 아티스트십니다!

땅을 적시는 봄비처럼

여호와 하나님,
제 마음이 메마르고 갈라져 있습니다.

영혼의 겨울을 지나느라
쓰라리게 찢어져 있습니다.
봄비를 기다리는
메마른 땅 같은 제 영혼이
주님을 기다립니다.
주님의 얼굴을 구합니다.
생명수 되시는 주님을 찾습니다.

주님은 제 갈급함을 아십니다.
주님의 얼굴을 구하는 제게
단비 같은 사랑을 부어주세요.

매일 간절히 뜨겁게

나를 사랑하는 자들이
나의 사랑을 입으며
나를 간절히 찾는 자가
나를 만날 것이니라

잠언 8:17

제가 주님을 사랑합니다.

오늘도 말씀 속에서
간절히 주님의 얼굴을 찾습니다.
기도를 통해 주님의 음성을 듣습니다.
말씀 가운데 주님을 알게 하시고
아는 만큼 더욱 사랑하게 해주세요.

주님의 사랑을 입으며
매일 뜨겁게 당신을 만나고 싶어요.

더욱 친밀히

또 누구든지 하나님을 사랑하면
그 사람은 하나님도
알아 주시느니라

고린도전서 8:3

주님을 향한 제 사랑을
어떻게 더 잘 표현할 수 있을까요?
더욱 사랑하고 싶어요.
더욱 친밀히 아버지를 알고 싶어요.

세상이 저를 알아주는 것이 아닌
주님께서 저를 알아주시기를 원합니다.
소멸되지 않는 영원한 기쁨은
주님과의 교제, 주님과의 역사입니다.

주님과 제가
서로를 친밀히 알아가는
하루가 되게 해주세요.

영혼의 갈증

오늘도 저는 목마릅니다.
매일 물을 마셔야 살 수 있듯
저는 주님이 목마릅니다.

우리 몸의 대부분이 물로 이루어져 있듯
제 영혼은 주님으로 채워지지 않으면
견딜 수가 없습니다.
세상의 것들은 마실수록 목마르나
오직 주님만이 제 영혼의 갈증을
채워주실 수 있습니다.

생명수 되시는 주님,
제 영혼을 채워주세요.

예수를 너희가 보지 못하였으나

예수를 너희가 보지 못하였으나
사랑하는도다 이제도 보지 못하나
믿고 말할 수 없는 영광스러운
즐거움으로 기뻐하니

베드로전서 1:8

부족한 실력이나마 주님을 그리다 보면
'이 말씀에는 주님의 어떤 마음이 담겨있을까?'
'이때 주님의 표정은 어떠셨을까?' 깊이 묵상하게 됩니다.

누군가를 사랑하게 되면 그의 모든 말과 표정과 행동이
궁금하고 특별하게 다가옵니다.
그 사람이 기뻐하는 일만 하고 싶어집니다.
마음과 생명과 뜻을 다한다는 게 그런 게 아닐까요?
매일 보고 싶고 어떤 식으로든 사랑을 표현하며
모든 걸 주고 싶은 마음.

예수님의 모습은 성경 곳곳에 보물처럼 숨어있습니다.
그래서 전 오늘도 주님을 그리며 '예수님 덕질'을 합니다.
주님과 얼굴과 얼굴을 맞대고 만날 그날,
그동안 주님을 위해 그렸던 그림과 카드를 전부 드리고 싶습니다.
보잘것없지만 제 마음이 온전히 담긴 것들을
분명 기뻐하시리라 믿으며….

그는 보이지 아니하는 하나님의 형상이시요
모든 피조물보다 먼저 나신 이시니
골로새서 1:15

Part 3

나의 사랑,
예수 그리스도

주님, 당신은 인간의 눈높이에 맞춰
성육신하신 예수 그리스도이십니다.
보이지 않는 하나님의 형상이시며
우리를 구원하러 오신 분이십니다.

그 위대하신 분이
저 같은 사람의 모습으로 오셨다는 사실이
너무나 큰 감동이에요….

저를 이해하시려
저와 같은 모습으로 오신
주님의 그 사랑에
감사와 찬양이 흘러나옵니다.
이런 사랑을
감히 누가 할 수 있을까요!

제 눈높이에 맞춰서 오신
겸손의 왕, 나의 하나님!
주님께서는 나의 사랑,
예수 그리스도이십니다.

그런 주님을 더욱 알아가며
손 꼭 붙잡고 따라가겠습니다.

아바 아버지라 부르게 하시고

너희가 아들이므로 하나님이
그 아들의 영을 우리 마음 가운데 보내사
아빠 아버지라 부르게 하셨느니라

갈라디아서 4:6

저는 주님의 자녀입니다.
하나님의 형상을 담아
섬세한 손길로 빚어 만드시고
주님의 생령을 불어넣어 주셨지요.

어느 날 죄로 인해
제 영혼이 아버지로부터 도망쳤을 때도
계획이 있으셨습니다.

당신은 아버지를 잊고 고아처럼 살던 제게
제 눈높이로 찾아오셨지요.
그리고 다시 '아바 아버지'라 부르게 하시고
품에 꼭 안아주시며 찾았다고 기뻐하셨습니다.

오직 한 분이신 중보자

아버지와 영원히 함께 거하는 길은
오직 중보자이신
예수 그리스도를 아는 것입니다.
그분은 성육신하셔서
제가 이해할 수 있는 모습으로 오신
하나님 당신이기 때문이지요.

아버지와 영원히 함께하는 삶을 주시기 위해
죽기까지 저를 사랑하신 구세주이십니다.
영생은 오직 한 분이신 하나님 아버지와
예수 그리스도를 구주로 아는 것입니다.

하나님은 한 분이시요
또 하나님과 사람 사이에
중보자도 한 분이시니
곧 사람이신 그리스도 예수라

디모데전서 2:5

모든 걸 내어주신

하나님이 세상을 이처럼 사랑하사
독생자를 주셨으니 이는 그를 믿는 자마다
멸망하지 않고 영생을 얻게 하려 하심이라

요한복음 3:16

창조주 하나님은
이 세상을 만드시고 참 기뻐하셨습니다.
저도 그림이 잘 그려지면 그보다 신나는 일이 없으니까요.

그러나 주님의 기쁨이었던 세상은
죄악으로 망가져 버렸고
저희를 너무나 사랑하신 나머지
주님은 직접 오실 수밖에 없었습니다.

죽을 운명이었던 저를 위해 모든 걸 내어주신 주님!
멸망의 길에서 아버지를 통해 새 생명을 얻었습니다.
그것은 이제로부터 영원히 당신과 함께하는 삶입니다.

크고 강한 손

죄의 물살에 휩쓸려
꼼짝없이 죽게 된 제 영혼을
주님은 십자가 못 박히셨던
크고 강한 손으로 건지셨습니다.

제 생명 되시는 주님,
오직 예수 그리스도,
당신이 저를 구해주셨습니다.
저를 구원하신 다른 이름은
알지 못합니다.

예수 외에 다른 어느 누구에게서도
구원을 받을 수 없습니다.
하나님께서는 하늘 아래 우리가
구원받을 만한 다른 이름을 우리에게
주신 일이 없기 때문입니다.

사도행전 4:12

하나님의 능력, 십자가

십자가의 도가 멸망하는
자들에게는 미련한 것이요
구원을 받는 우리에게는
하나님의 능력이라

고린도전서 1:18

십자가의 능력과 사랑을 알지 못하는 자들에게
그것은 이해할 수 없는 형벌이지만,
예수님을 진정 만난 자들에게는
사망을 뛰어넘은 놀라운 사랑입니다.

십자가의 도는
하나님의 능력이요 사랑입니다.
사랑 그 자체이신 주님을
우리에게 내어주신 사건입니다.

그 놀라운 사랑만이 우리 영혼을 살리고
영혼의 근육을 만들 수 있습니다.
다른 어떤 힘이나 능력도
그 사랑을 이길 수 없습니다.

선한 목자

나는 선한 목자라
선한 목자는 양들을 위하여
목숨을 버리거니와

요한복음 10:11

주님은 잃어버린 양 한 마리를 찾으러

낮을 대로 낮아지셔서 이 땅에 오셨습니다.

잃어버린 영혼 하나를 구하려
목숨까지 주셨습니다.
저 하나를 찾으러 이 땅으로 오셨습니다.

인자가 온 것은 잃어버린 자를 찾아 구원하려 함이니라

누가복음 19:10

사망을 이긴 사랑

찔리시고 상하시고 채찍에 맞으신
주님의 얼굴을 바라봅니다.

제 죗값을 치르신 주님의 얼굴이
눈물로 뭉개져 흐릿합니다.
저를 살리시려 처절한 고통 속에
모든 걸 감당하신 얼굴입니다.

그분의 얼굴을 가만히 쓰다듬으며 바라봅니다.
붉디붉은 피가 제 손과 어깨에 떨어집니다.
주님의 사랑이 제 속으로 스며듭니다.

끝까지 감내하신 사망을 이긴 사랑!
그렇게 주님은 저를 사랑하셨습니다.

의롭다 하심을 받았으니

그러면 이제 우리가 그의 피로 말미암아
의롭다 하심을 받았으니 더욱 그로 말미암아
진노하심에서 구원을 받을 것이니

로마서 5:9

죽어 마땅한 진노의 자식인 제게
주님은 당신의 값진 피를 덮어주시고
칭의를 둘러주셨습니다.

모든 걸 바쳐 사망에서 저를 구하시고
새 생명을 주신 예수님.
그분의 부활은 소망 없는 인간에게, 아니 제게
가장 드라마틱한 사건이 아닐 수 없습니다.

그분과 연합하면 마른 뼈 같던 제 영혼에
살과 근육이 붙고 피가 돕니다.
다시 살아나 의롭다 여김을 받습니다.
절망과 죽음이 멀리 도망가고
생명이 충만히 차오릅니다.

사랑의 상처 가득한 손

내가 의인을 부르러 온 것이 아니요
죄인을 불러 회개시키러 왔노라

누가복음 5:32

제가 주님의 사랑을 받을 만한
가치가 있는 사람일까요?
저 같은 사람도
죄를 용서받을 수 있을까요?

무섭게 옥죄어 오는 정죄감이
영혼의 목을 짓누를 때,
주님의 강하고 따스한 손이
저를 어루만집니다.

십자가 못 깊숙이 박혔던
그 사랑의 상처 가득한 손으로
저를 부르십니다.

결코 정죄함이 없나니

밤낮으로 참소하는 사단이
내 죄를 고소할 때

대언자이신 예수 그리스도께서
십자가 못 박혔던 손을 내미시며
저를 보호하고 변호하십니다.
그리고 선포하십니다.

"이 아이는 이제 죄가 없다!"

나의 자녀들아 내가 이것을 너희에게 씀은
너희로 죄를 범하지 않게 하려 함이라
만일 누가 죄를 범하여도 아버지 앞에서
우리에게 대언자가 있으니 곧 의로우신
예수 그리스도시라

요한일서 2:1

너희에게 아버지가 되고

너희에게 아버지가 되고
너희는 내게 자녀가 되리라
전능하신 주의 말씀이니라 하셨느니라

고린도후서 6:18

죄와 사망의 종노릇하던 저를
예수님을 통해
하나님의 자녀가 되게 해주셨습니다.

더러운 죄의 길에서
상처 입고 곪아 터졌던
제 영혼의 발을 치유하시고

아름다운 복음의 신발도 신겨주시며
주님의 자녀로 살아가게 하셨습니다.

누구든지 문을 열면

볼지어다 내가 문 밖에 서서 두드리노니
누구든지 내 음성을 듣고 문을 열면
내가 그에게로 들어가 그와 더불어 먹고
그는 나와 더불어 먹으리라

요한계시록 3:20

제가 아직도 주님을 몰랐다면
주님과 저 사이엔 문이 하나 있겠지요.

주님은 밖에 계속 서 계셨을 거예요.
저는 집 안에서 바쁘게 일하느라
당신이 문을 두드리시는 소리조차 못 들었을 거고요.
혹여 음성을 듣고 현관문 카메라로 확인해도
주님을 모르니 침입자 취급하며 무시했겠지요.

다행이에요, 제가 주님을 알아서요.
문을 열고 가족으로 모셔 함께 살 수 있어서요.
안 그러면 제 진짜 아버지가 누군지도 모르고
고아처럼 살 뻔했으니까요.

말씀이 육신이 되어

어느덧 한 해가 끝나가고
크리스마스가 다가옵니다.

사람들은 즐거움과 분주함에 들떠 보입니다.
이 시간, 예수님이 크리스마스의 주인공이심을
잊지 않게 도와주세요.

영혼의 겨울에 따스한 빛으로 오신 주님!
주님과 함께하는 매일이 크리스마스이고
크리스마스의 가장 큰 선물은
예수님, 당신이십니다.

말씀이 육신이 되어 우리 가운데 거하시매 우리가 그의 영광을 보니
아버지의 독생자의 영광이요 은혜와 진리가 충만하더라

요한복음 1:14

죄와 사망의 종노릇하던 저는

말 그대로 노예였습니다.

마음엔 늘 두려움과 절망이 가득했지요.

그런 저를 주님이 구하러 오셨습니다.
전부를 바쳐 제 죗값을 대신 치러주셨고
양자 삼아주셨습니다.
다시는 두려움에 이르지 않고
주님을 '아빠'라 부르게 해주셨습니다.

> 너희는 다시 무서워하는
> 종의 영을 받지 아니하고
> 양자의 영을 받았으므로
> 우리가 아빠 아버지라고 부르짖느니라
>
> 로마서 8:15

사랑의 증표

주님의 피 값으로 사신 저는
이제 진정한 주님의 자녀가 되었습니다.
주님이 저를 손바닥에 새기셨습니다.
그분의 사랑의 증표인
십자가 못 자국이 그것을 말해줍니다.

부서져 버린 시온 성벽 같은 저를 위해
고통을 짊어지고 죽으시고 부활하신 주님!
상흔이 남은 손으로 저를 어루만지며
귀하다 어여쁘다 사랑해주십니다.

저는 더 이상
사람의 말을 듣는 사람의 종이 아닌
목자 되신 주님의 음성만 듣는 양입니다.

너희는 값으로 사신 것이니
사람들의 종이 되지 말라

고린도전서 7:23

빛나는 생명의 옷

누구든지 그리스도와 합하기 위하여
세례를 받은 자는 그리스도로
옷 입었느니라

갈라디아서 3:27

더럽고 흉측한
죄악의 옷을 입고 있던 제게
주님은 그리스도로
옷 입혀주셨습니다.

빛나는 생명의 옷으로
아버지의 자녀다운 모습으로
회복시켜 주셨습니다.

새로운 피조물이라

그런즉 누구든지
그리스도 안에 있으면
새로운 피조물이라
이전 것은 지나갔으니
보라 새 것이 되었도다

고린도후서 5:17

기르던 다육식물 칼큘러스가
드디어 탈피를 했습니다.
소망 없이 말라가던 동그란 생명체에서
완두콩보다 싱그러운 초록빛이 쏟아져 나왔어요.
귀엽고 대견해서 소리를 지를 뻔했지요!

마치 주님을 만나기 전
딱딱하게 굳어 죽어있던 제 영이 구엽을 깨고
새로운 피조물이 된 모습 같았습니다.

새로운 마음과 살아있는 영으로
저를 거듭나게 해주신 주님, 감사합니다.

풍성한 은혜

내가 그들에게 영생을 주노니
영원히 멸망하지 아니할 것이요
또 그들을 내 손에서
빼앗을 자가 없느니라

요한복음 10:28

주님은 저를 자녀 삼아주시고
생명 되신 아버지와
영원히 함께 살게 하셨습니다.
그분의 사랑 가운데 거하게 하셨지요.
아무도 저를 주님 손에서 뺏을 수 없습니다.

가늠할 수조차 없는 은혜의 풍성함에
저는 그저 어린아이처럼
눈을 반짝이며 미소 짓습니다.
제 영혼의 키가 자라 그 크신 사랑에
감사를 더 잘 표현할 수 있기를 기도합니다.

주님의 생명이 가득합니다

아버지를 만난 이후로
제 영혼은 봄을 맞이했습니다.

주변은 빛의 아지랑이로 가득하고
콧노래를 멈출 수가 없어요.
주님께서 주신 생명이
제 영혼에 공기처럼 가득합니다.

참새처럼 제 영혼은
영원한 봄을 노래합니다.

깊고 완전한 사랑

높음이나 깊음이나
다른 어떤 피조물이라도
우리를 우리 주 그리스도
예수 안에 있는
하나님의 사랑에서
끊을 수 없으리라

로마서 8:39

가장 좋아하는 말씀이 있습니다.

"높음이나 깊음이나 다른 어떤 피조물도
아버지의 사랑에서 우리를 끊을 수 없다."

이 말씀엔 깊은 울림과 여운이 있습니다.
또 범접할 수 없는 창조자의 능력이 느껴집니다.
그림으로 치면 겹겹이 수백 번을 칠해 완성한
장엄하고 아름다운 유화의 느낌입니다.
주님의 사랑은 그만큼 깊고 완전합니다.

십자가에서 흘리신
마지막 핏방울처럼 진하고 처절합니다.
감히 표현할 수 없는 사랑의 높이와 깊이입니다.

어제나 오늘이나

사랑하는 아버지,
'영원'이란 말을 들으면 가슴이 뜁니다.

가늠할 수 없는 엄청난 길이와 깊이, 무게가 느껴집니다.
무한한 시간, 시간 흐름에 관계 없이 변치 않는 그 무엇.
세상의 모든 것은 낡고 변하며 결국 사라지지만
주님은 어제나 오늘이나 영원토록 한결같으시다니
정말 상상하기 어렵습니다.

그런 분이 저를 만드셨고 사랑하시며
영원히 함께하신다니 그저 탄성만 나옵니다.
그 영원하신 아버지를 붙잡고 오늘도 힘차게 달립니다.

나의 사랑하는 자가 내게 말하여 이르기를
나의 사랑, 내 어여쁜 자야 일어나서 함께 가자
아가 2:10

Part 4

그분과 광야로
여행을 떠나다

아바 아버지,
주님을 아버지로 만난 이후
당신은 제 손을 붙들고 이끄셨습니다.
주저앉아 있는 자리를 털고 일어나라 하시며
"내 어여쁜 자야 함께 가자" 말씀하셨지요.
저는 그 목소리에 기쁘게 순종했습니다.

평소의 저라면
짐을 꾸리며 모든 것을 계획하고
온갖 예상을 했을 거예요.

그러나 이번엔 주님이
다 알아서 해주시리라는 믿음에
벌떡 일어났습니다.

그렇게 주님과의 여행이
시작되었지요.

인애로 이끄시다

옛적에 여호와께서
나에게 나타나사
내가 영원한 사랑으로
너를 사랑하기에
인자함으로
너를 이끌었다
하였노라

예레미야 31:3

오래전부터 주님은
이 여행을 계획하셨습니다.

하나님을 사랑하고 이웃을 사랑하는
헤세드의 사랑 여정을 말입니다.
아버지와 동행하는 여정 가운데 놀라운 역사를
함께 경험하며 공유하는 멋진 여행을요.

우리의 여행지가 어떤 곳일지,
날씨가 어떨지 저는 알지 못합니다.
그러나 사랑하는 아버지가
인애로 저를 이끄실 것을 믿습니다.

그 걸음은 여호와께서

주님, 사실 저는
계획 세우기를 무척 좋아합니다.
계획대로 일이 안 돌아가면
굉장히 예민해지고 실망합니다.

그러나 아무리 계획을 세운들
오늘 아침, 이렇게 눈을 뜨게
하시는 분은 하나님이십니다.
제 몸속 장기와 세포들이 움직이는 것도
다 주님의 은혜입니다.

제 모든 발걸음을 인도하시는 분은
나의 사랑, 나의 주님이십니다.

작고 가벼운 멍에

주님을 따르겠다고 마음 먹은 후
나름 행장을 꾸렸습니다.
챙기다가 저도 모르게 근심과 염려,
두려움까지 꾸역꾸역 넣었지요.
그것은 이미 십자가에 속한 짐들이었습니다.
주님은 제 무거운 짐을 등에 지시고
제게 아주 작고 가벼운 멍에를 하나 주셨습니다.
그 속에는 단 하나가 들어있었습니다.

"네 마음을 다하고 네 생명을 다하고
네 뜻을 다해 주 네 하나님을 사랑하여라"(마 22:37).

내가 너와 함께함이라

두려워하지 말라 내가 너와 함께 함이라
놀라지 말라 나는 네 하나님이 됨이라
내가 너를 굳세게 하리라
참으로 너를 도와 주리라
참으로 나의 의로운 오른손으로
너를 붙들리라

이사야 41:10

아버지,
사실 저는 굉장한 겁쟁이입니다.
작은 고난에도 호들갑을 떨고
예상치 못한 일이 터지면
바로 포기하려 합니다.
주님과 여행하기 위해
인생의 정류장에 앉아있지만
온갖 걱정에 또 사로잡힙니다.
육신의 나이만 먹었지
제 영혼은 어린아이입니다.

주님께 말도 못하고
불안에 사로잡혀 있는 제 머리 뒤로
아버지의 따스한 손길이 느껴집니다.

네 오른손을 붙들고

이는 나 여호와 너의 하나님이
네 오른손을 붙들고 네게 이르기를
두려워하지 말라 내가 너를
도우리라 할 것임이니라

이사야 41:13

아버지가 제 오른손을
꼭 붙들고 말씀하십니다.

"두려워하지 마라. 내가 너랑 함께 있잖니?
내가 널 강하게 하고 도와줄 거야."

부드러우나 힘 있는 주님의 음성이
제 영혼을 붙들어 주십니다.
다시금 힘을 얻어 활짝 웃으며
아버지와 함께 발걸음을 내딛습니다.

땅에서는 나그네이니

광야 같은 이 땅을 여행할 때는
아버지께서 일러주신 여행 지침서,
주님의 말씀이 가장 중요합니다.

정신없이 풍경에 취해 앞서가다 보면
주님의 음성이 안 들리는
불상사가 일어날 수 있습니다.

주님의 계명이 가려지지 않게
언제나 그분과 보폭을 맞추며
동행하기를 기도합니다.

나는 땅에서 나그네가 되었사오니
주의 계명들을 내게 숨기지 마소서

시편 119:19

좁은 문

좁은 문으로 들어가라.
멸망으로 인도하는 문은 크고
그 길은 넓어 그곳으로 들어가는
사람이 많다. 그러나 생명으로
인도하는 문은 좁고 그 길은 협해
그곳을 찾는 사람은 적다.

마태복음 7:13-14

아버지께서 저를 좁은 문으로 인도하십니다.
그곳은 주님께 딱 달라붙어야 걸을 수 있는
험한 길이 있는 문입니다.
아버지 손을 꼭 잡고 여쭈었습니다.

"왜 크고 넓은 길로 안 가고 이곳으로 가나요?"
"저 큰 문으로 들어가면 길이 넓어
그곳으로 들어가는 사람이 많다.
그러나 그 끝은 멸망이지.
좁은 문의 길은 험하고 찾는 사람도 적지만
생명으로 인도한단다."

저는 아버지 손을 더욱 꼭 쥐었습니다.

나의 영원한 도움

길을 걷다 보면
막막함이 저를 덮쳐옵니다.
익숙하지 않은 공기에
두려움이 왈칵 밀려오기도 하고요.

정신을 차리고 산을 향해 눈을 듭니다.
바로 위에서 주님이 환하게 웃고 계십니다.
제 영혼의 어깨를 단단히 붙들고 계심도
그제야 알아차립니다.

제 영원하신 도움은
오직 주님뿐입니다.

내가 산을 향하여 눈을 들리라
나의 도움이 어디서 올까
나의 도움은 천지를 지으신
여호와에게서로다

시편 121:1-2

그가 네 앞에서 가시며

그리하면 여호와 그가 네 앞에서 가시며
너와 함께 하사 너를 떠나지 아니하시며
버리지 아니하시리니 너는 두려워하지 말라 놀라지 말라

신명기 31:8

주님,
한 치 앞도 알 수 없는
정글 같은 삶 속에서
아버지께서 앞서가십니다.
주님이 제 길과 나침반이 되십니다.

목자 되신 주님을 온전히 믿으며
두려움과 낙심을 버리고
정로正路에서 찬양하며 나아가기를 원합니다.

광야와 황무지에서

이 세상이 짐승이 부르짖는
광야와 같이 느껴질 때가 많습니다.
거칠고 스산한 황무지는
제 두려움의 버튼을 눌러댑니다.

질겁하며 다시금 주님의 손을 꼭 붙잡습니다.
그 손은 강하고 따스하여
제 안의 두려움을 녹입니다.
저를 눈동자처럼 보호하고 인도해주시는
아버지의 손이기 때문입니다.

앞이 캄캄하고 영혼의 밤이 길어질 때
빛 되신 주님의 손을 꼭 붙잡습니다.
내 발의 등불이요 내 길의 빛 되신
주님의 말씀만 붙들고 따라갑니다.

주님은 이미
제 영혼을 구원하신 분입니다.
제가 무엇을 두려워하며 주저하겠습니까?

젖 뗀 아이와 같이

주님과 함께하면
제 영혼은
엄마 품의 아기처럼 만족합니다.

광야에서도 주님과 함께
모닥불을 피워놓고 마시멜로를 구워 먹으며
불멍을 하는 것처럼 고요하고 평안합니다.

제 영혼은 잘 먹은 아기처럼
평화롭고 충만합니다.

네 잠이 달리로다

네가 누울 때에
두려워하지 아니하겠고
네가 누운즉
네 잠이 달리로다

잠언 3:24

낮의 해도, 밤의 달도
제 영혼을 해치지 못합니다.

그 어떤 것도 저를 해치지 못하고
주님의 사랑에서 끊어낼 수 없습니다.
제 영혼은 주님의 것이기 때문입니다.

항상 지켜주시는 주님의 손길에
제 영혼은 평안합니다.
제 앉고 일어섬을 아시는
주님을 찬양합니다.

변함없는 사랑

주님을 의지하며 아침에 눈을 뜹니다.
아버지의 변함없는
사랑의 음성이 잠을 깨웁니다.
오늘도 새날 주심에 감사드립니다.

눈뜨자마자 보이는 것이
주님의 얼굴이기를 원합니다.
하루의 시작에 주님을 바라보며
말씀을 듣게 해주세요.

변함없는 사랑으로 오늘도 가야 할 길을
이끌어주실 것을 믿습니다.

내가 주를 의지하니 아침에 주의
변함없는 사랑을 듣게 하소서.
주께 내 영혼을 올려 드리니
내가 가야 할 길을 보여 주소서.

시편 143:8

여호와는 나의 목자시니

여호와는 나의 목자시니
내게 부족함이 없으리로다

시편 23:1

목자 되신 주님을 그려봅니다.
정결하고 소박한 목자의 옷을 입으신 주님.
햇빛에 그을린 미소가 햇살보다 빛납니다.

품 안엔 천방지축 저를 닮은
양 한 마리 안겨있습니다.
어디를 돌아다니며 장난을 쳤는지
곱슬곱슬한 털 사이로
온갖 이물질과 흙이 가득합니다.
하지만 주님은 아랑곳하지 않으시고
보물을 품듯 양팔로 끌어안고
그분의 양을 고이고이 이끄십니다.

저는 주님의 품 안에서
아무것도 두렵지 않고 만족합니다.

푸른 풀밭에 누이시며

삶의 여정이 아무리 험난해도
주님은 제 영혼을
푸른 목장과 잔잔한 물가로 인도하십니다.
초록빛 가득한 풀밭에 눕히시며
시원한 물을 먹이십니다.

모든 필요를 아시는 주님은
쉼을 주시는 선한 목자이십니다.
한결같은 사랑으로 인도하시는 그분을 따라
오늘도 발걸음을 옮깁니다.

사랑하는 아버지와 의로운 길을
계속 걸어가게 해주세요.

그가 나를 푸른 풀밭에 누이시며
쉴 만한 물 가로 인도하시는도다

시편 23:2

주님의 손

내가 그들로
나 여호와를 의지하여
견고하게 하리니
그들이 내 이름으로
행하리라
나 여호와의 말이니라

스가랴 10:12

아버지와 맞닿은 손이

제게 힘이 되고 의지가 됩니다.

지칠 때마다 이끌어주시는

주님의 손은 따스하고 힘이 있습니다.

그 손으로 저를 만드셨고

제자들에게 물고기를 구워주셨으며

그들의 발도 씻기셨지요.

병든 자를 낫게 하시며

죄인들도 일으켜주셨고요.

그 귀한 손으로 십자가의

험악한 못도 받아들이셨습니다.

제가 꼭 붙잡고 의지할 손은

오직 주님의 손입니다.

그 손 꼭 잡고 주님과 모든 일을 하겠습니다.

아빠 품

근심과 고통이 쓰나미처럼 덮쳐오면
저는 아버지 품으로 달려갑니다.
어떤 환난보다 더 높고 큰 산성이신
주님께서 저를 안으십니다.

모든 것을 아시고 저를 받아주시기에
저는 아빠 품에 안긴 아이처럼 안도합니다.
십자가 못 자국, 그 사랑의 증표
선명한 두 손으로 저를 단단히 품에 안으십니다.

여호와는 선하시며
환난 날에 산성이시라
그는 자기에게 피하는
자들을 아시느니라

나훔 1:7

주의 날개 그늘 아래에

악한 것들이 저를 건드리려 하면
아버지는 커다란 독수리가 새끼를
날개 아래로 품듯 저를 보호하십니다.
주님의 날개 그늘은 아늑하고 안전합니다.

당신의 변함 없는 사랑은
견고하고 무너지지 않는 요새와 같습니다.
눈동자와 같이 저를 보호하시는 아버지는
제 머리카락 수마저도 다 아십니다.

그런 아버지가 계셔서
전 아무것도 두렵지 않습니다.

주의 사랑이 나를 붙드시고

삶의 여정은 마치 무언가를
처음 배우는 것과 같습니다.
모든 게 처음이라 신나기도 하지만
서툴고 힘에 겨울 수도 있지요.

뒤뚱뒤뚱 첫걸음을 내디뎌 봅니다.
처음엔 신나서 조금 앞으로 가다가
발이 미끄러지는 듯한 감각에
정신이 아찔합니다.
그럴 때마다 주님은 사랑으로
저를 붙드시고 중심을 잡아주십니다.

여호와여 나의 발이
미끄러진다고 말할 때에
주의 인자하심이
나를 붙드셨사오며

시편 94:18

비록 넘어져도

모든 게 엉망이고
발라당 넘어진 것 같은 날이 있습니다.

까불며 주님보다 앞서가다가
일어난 일이지요.
수치심과 좌절감에
주저앉아 버리고 싶을 때
주님은 두 손으로 붙드시며 말씀합니다.

"괜찮다, 다시 일어나면 된다."

사망에서 생명으로

하나님이
내 영혼을 건지사
구덩이에 내려가지
않게 하셨으니
내 생명이 빛을
보겠구나 하리라

욥기 33:28

때로는 발이 미끄러져 넘어질 때도 있습니다.

영혼의 눈이 어두워져 그만 발을 헛디딘 거지요.

아래로 낭떠러지가 보이고 사망이 입을 벌리고 있습니다.

그러나 주님의 크고 강한 팔은
여전히 저를 붙들고 계십니다.
죄의 구덩이에 저를 내어주지 않으십니다.
제 영혼을 사망에서 생명으로
옮기신 아버지시기 때문입니다.

주께서 내 영혼을 사망에서,
내 눈을 눈물에서,
내 발을 넘어짐에서
건지셨나이다

시편 116:8

사랑의 연고

넘어져 여기저기 까진 영혼의 살갗에
주님은 사랑의 연고를 발라주십니다.
상심한 제 영혼을 위로하시며
꼼꼼히 발라주십니다.
선물로 주신 주님의 피조물인
반려견도 제 뺨을 핥아줍니다.

모든 상처를 그분께 드러냅니다.
두려움과 수치심을 내려놓습니다.
좋으신 아버지가
온전히 치유하실 것을 믿기 때문입니다.

상심한 자들을
고치시며
그들의 상처를
싸매시는도다

시편 147:3

아빠가 있잖아

넘어져 의기소침해서
두려움에 빠져있을 때,
주님이 다시 손을 내미십니다.

겁 많은 아이 같은 제 영혼은
소매와 무릎에 눈물을 닦습니다.
다시금 주님 손을 잡고 달리고 싶습니다.
넘어질 것 따위 두려워하지 않고
맘껏 주님과 달리고 싶습니다.
떨며 미약하게 쏟아놓은 고백들을
아버지는 놓치지 않으십니다.

"그래, 일어나 나와 가자. 두려워하지 마라.
아빠는 널 항상 도울 거야."

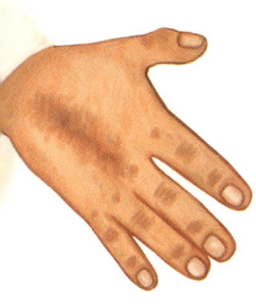

이는 나 여호와 너의 하나님이
네 오른손을 붙들고
네게 이르기를 두려워하지 말라
내가 너를 도우리라
할 것임이니라

이사야 41:13

두려워 마라, 아빠가 함께할 거야

상처로 움츠러든 마음을 안은 채
광야의 여정을 다시 시작합니다.
계절은 곧 봄인데 마음은 겨울입니다.

어린아이처럼 두려움이 앞섭니다.
두꺼운 의심의 옷을 잔뜩 껴입고
주머니에 손을 찔러넣고 꼼지락거립니다.
아버지의 손을 잡지 못한 채 말이지요.

아버지는 인내하며 기다려주십니다.
제 어깨에 손을 얹고 부드럽지만
힘 있는 음성으로 말씀하십니다.

"강하고 담대하여라.
두려워 말고 낙심하지 마라.
네가 어딜 가든 아빠가 함께할 거야."

새 일을 행하리니

보라 내가 새 일을 행하리니 이제 나타낼 것이라
너희가 그것을 알지 못하겠느냐
반드시 내가 광야에 길을
사막에 강을 내리니

이사야 43:19

아버지가 놀라운 말씀을 해주십니다.
저를 위해 새 일을 행하신다 하십니다.
지금 걷고 있는 광야에 길을 내시고
사막에 강을 내시며,
반드시 그렇게 하신다고 말씀하십니다.

그 놀라운 계획에
제 영혼의 눈이 반짝입니다.
광야와 사막 같은 제 삶에 길을 내시고
생명수를 부어주시는 아버지가
믿음의 눈으로 보이기 시작합니다.

내가 너를 쉬게 하리라

아버지는 제 영혼의 쉼이 되십니다.
친히 함께 가시며
제 보폭에 맞춰 걸어주시는
좋으신 아버지십니다.

쉼을 주시고
필요를 채워주시고
가야 할 곳으로 인도하시는,
최고의 가이드이신 아버지가
친히 동행하시니 제 영혼이 평안합니다.

여호와께서 이르시되 내가 친히 가리라
내가 너를 쉬게 하리라

출애굽기 33:14

영혼의 생명수

여러 일정으로 지친 오후입니다.
넘어야 할 산도 많고,
헤쳐나가야 할 길도 복잡합니다.

제 영혼이 지쳐 무기력할 때
살며시 다가와 힘주시는 아버지를 바라봅니다.
생명수이신 주님의 말씀이 제 영혼을 소생시킵니다.

주님의 능력이 가득 담긴 말씀을
꿀꺽꿀꺽 마시며 다시 힘을 내봅니다.

여호와의 사자가 기드온에게 나타나 이르되
큰 용사여 여호와께서 너와 함께 계시도다 하매
사사기 6:12

Part 5

난 작지만 주님의 큰 용사로 세우셨나니

언제부턴가 주님은 겁쟁이인 저를
훈련시키기 시작하셨습니다.
큰 용사로 만드신다고 하셨을 땐
"저를요?" 하며 반문하기도 했지요.
처음에 훈련은 놋쇠로 만든 활만큼이나
무겁고 힘에 겨웠습니다.

그러나 아버지는 두려워하지 말라 하시고,
저와 함께하신다고 하셨습니다.
사단과의 영적 싸움에서
반드시 이기게 해주겠다고 하셨습니다.

이마에서 땀이 후드득 떨어지고
두 팔은 파르르 떨립니다.
하지만 제가 반드시 통과해야 할 고난입니다.
이 훈련이 제게 꼭 필요하기 때문입니다.
아버지가 원망스러운 마음도 잠시 듭니다.
하지만 그분은 크신 팔을 휘저으며
저를 응원하십니다.

"내 사랑하는 아가, 두려워하지 마라.
편안하게 마음 먹고 힘내라, 할 수 있다!"

어떤 고난보다 크신 아버지께서
평안하라고 말씀하십니다.
온몸에 힘이 불끈 솟아오릅니다.

나의 힘은 여호와!

주께서 나를 전쟁하게 하려고
능력으로 내게 띠 띠우사
일어나 나를 치는 자들이
내게 굴복하게 하셨나이다

시편 18:39

선한 싸움을 하기 위해
저를 단련하시는 아버지!

저는 어린아이처럼 연약하지만
주님은 저를 힘으로 무장시키십니다.
악한 영들이 제 발아래 굴복하게 하실 것입니다.

나의 힘은 여호와시니
영적 전쟁에서 능히 이길 것을 믿습니다.

주님이 전신갑주 되시니

아버지께서 저를 큰 용사로 불러
전신갑주를 입혀주셨습니다.
바로 아버지 자신인 예수 그리스도로 옷 입혀주셨습니다.

중심축이 되는 허리에 진리의 허리띠를 동여매 주셨습니다.
삶의 중심과 근본에 진리이신
주님의 말씀으로 무장시키신 것입니다.

가슴엔 의의 가슴받이를 입히셨습니다.
사단은 쉬지 않고 우리를 정죄하지만
예수 그리스도의 사랑과 그 사랑을 믿는
믿음으로 의에 이르게 하십니다.

발에는 평화를 가져오는 복음의 신발을 신겨주셨습니다.
주님께서 우리를 구원하셨다는 기쁜 소식을
만천하에 알리며 힘차게 걸어가게 하십니다.

손에는 믿음의 방패를 쥐여주셨습니다.
오직 주님을 향한 믿음으로 사단이 쏘아대는 공격과
모든 불화살을 소멸하게 하십니다.

그러므로 여러분은 굳건히 서서
진리로 허리띠를 띠고
의의 가슴받이를 붙이고

에베소서 6:14

예비한 평화의
복음의 신을 신고

에베소서 6:15

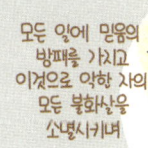

모든 일에 믿음의
방패를 가지고
이것으로 악한 자의
모든 불화살을
소멸시키며

에베소서 6:16

구원의 투구와 성령의 검,
곧 하나님의 말씀으로 무장하십시오

에베소서 6:17

사단은 우리 머리에 치명상을 입히려고 노리지만
주님께선 구원의 투구를 씌워주셨습니다.
구원의 확신과 소망이 있기에 흔들리지 않습니다.

사단을 공격할 가장 강력한 무기로
성령의 검을 쥐여주셨습니다.
하나님의 말씀은 살아있고
원수를 파멸시키는 최상의 공격 무기입니다.
골수를 쪼개는 주님의 말씀, 성령의 검으로
모든 사단의 유혹과 공격에 맞설 수 있습니다.

저는 주님의 큰 용사입니다.
비록 어린 다윗과 같이 연약해도
주님이 전신갑주 되시니 두려움 없이 원수와 싸웁니다.
오직 대장이신 아버지께서 말씀하실 때
적진을 향해 나아갑니다.

여호와가 너와 함께 가시며

삶의 고비는
언제나 두렵고 부담스럽습니다.
잘할 수 있을지, 거뜬히 통과할 수 있을지
머릿속은 온갖 생각으로 우중충해집니다.

아버지는 삶의 버거운 순간에도,
미처 주님을 바라보지 못할 때도
항상 함께하십니다.
저를 떠나지도, 버리지도 않으실
만군의 여호와가 항상 곁에 계십니다.

너희는 강하고 담대하라
두려워하지 말라
그들 앞에서 떨지 말라
이는 네 하나님 여호와 그가
너와 함께 가시며
결코 너를 떠나지 아니하시며
버리지 아니하실 것임이라 하고

신명기 31:6

세상을 이기는 힘

오직 여호와를 앙망하는 자는
새 힘을 얻으리니 독수리가
날개치며 올라감 같을 것이요
달음박질하여도 곤비하지
아니하겠고 걸어가도
피곤하지 아니하리로다

이사야 40:31

저를 바라보면 나약하기 그지없는 모습에
있던 힘마저 빠집니다.
의심의 구름이 뭉게뭉게 피어오릅니다.
그러나 능력의 하나님, 늘 할 수 있다 응원해주시는
아버지를 바라보면 새 힘이 솟습니다.
그 힘은 독수리가 날개 치며 솟구쳐 오르는 힘,
발이 땅에 있다가 하늘로 올라가는 능력입니다.
아무리 달려도 지치지 않고 피곤치도 않은
세상의 중력을 거스르는 힘입니다.
여호와 하나님만 주실 수 있는 세상을 이기는 힘입니다.

생명 넘치는 길

아버지께서 이끄시는 길은
생명의 길입니다.

주님은 그 길을 보여주길 기뻐하십니다.
좁고 험난할 수 있지만
생명이 넘치는 아름다운 길입니다.

어서 오라고 손짓하시는
아버지의 얼굴엔 기쁨이 가득합니다.
제 영혼은 영원한 즐거움 속에서
손을 들어 화답합니다.

메마른 땅의 샘

아버지와 동행하면
제 영혼은 메마른 곳에서도
솟아나는 샘이 됩니다.

환경과 상관없이
황무지에서도 만족하며
주위 사람들에게 마중물이 됩니다.
주님께서 제 영혼의
생명수가 되시기 때문입니다.

여호와가 너를 항상 인도하여
메마른 곳에서도
네 영혼을 만족하게 하며
네 뼈를 견고하게 하리니
너는 물 댄 동산 같겠고
물이 끊어지지 아니하는
샘 같을 것이라

이사야 58:11

먹어도 먹어도 배고플 때

오늘 우리에게 일용할 양식을 주시옵고

마태복음 6:11

먹어야 삽니다.
아버지께서도 제 육체의 필요를 아십니다.

그러나 먹어도 먹어도
채워지지 않는 배고픔이 있습니다.
그런 배고픔을 주시는 것은
오직 우리 영혼이 말씀과
아버지와의 교제로 채워짐을
가르쳐주시기 위함입니다.

제 몸과 영혼을 채워주시는 아버지!
꼭 필요한 양식을 내려주셔서 감사합니다.

머리털까지 다 세시는 분

온 우주를 만드신 아버지의 섬세한 손이
제 머리를 땋아주십니다.
머리카락 개수도 다 아시는 아버지께서
한 땀 한 땀 정성껏 땋으십니다.

저는 머리카락 수만큼이나 걱정도 많은 아이입니다.
혹 땋아주신 머리가 안 어울리면 어쩌나 염려가 앞섭니다.
주님은 그런 제 마음을 아시는 듯
걱정하지 말라며 미소 지어주십니다.

네 모든 길에서 너를 지키리라

아버지와 함께면
위험이 제게 손댈 수 없습니다.
어떤 해악과 재앙도
순식간에 힘을 잃으며 부서져 버립니다.
크신 두 팔로 저를 번쩍 안아 드시고
천사들에게 모든 길을 지키라 명령하시는 분.

아버지는 나의 피난처,
최고의 보디가드이십니다.

아버지의 온기

삶의 계절에 겨울이 찾아오기도 합니다.
신발마저 닳아서 발가락 사이로
시리디 시린 젖은 눈이 스며듭니다.

발가락을 꼼지락거리며 오들오들 떠는 순간,
아버지가 어깨 위로 저를 번쩍 들어 올리십니다.
꽉 잡아라, 꼭 붙들어라 말씀도 잊지 않으십니다.

아버지의 따스한 온기가 영혼을 녹입니다.
겨울이 녹아내립니다.
좋으신 아버지를 세상 곳곳에 자랑하고 싶습니다.

하나님께 가까이 함이
내게 복이라
내가 주 여호와를
나의 피난처로 삼아
주의 모든 행적을
전파하리이다

시편 73:28

주님이 감아주세요

내 영혼에게 가까이하사 구원하시며
내 원수로 말미암아 나를 속량하소서
주께서 나의 비방과 수치와 능욕을 아시나이다
나의 대적자들이 다 주님 앞에 있나이다

시편 69:18-19

길을 가다가 맞닥뜨린 세상은
제게 온갖 꼬리표를 달며
그들의 잣대로 저를 판단합니다.
제가 아닌 모습으로 오해하고 수군거리며
욕하고 돌을 던지기도 합니다.

나의 비방과 수치와 능욕을 아시는 주님!
흔들리지 않고 굳건히 설 수 있게 도와주세요.
주님께서 다 갚아주실 줄 믿습니다.

사람이 내게 어찌하리요

그러므로 우리가 담대히 말하되
주는 나를 돕는 이시니
내가 무서워하지 아니하겠노라
사람이 내게 어찌하리요 하노라

히브리서 13:6

아버지, 크고 작은 고난 앞에서
치과에 간 꼬마처럼 두렵기만 합니다.

그때마다 아버지는 고난당하셨던 손으로
저를 꼭 붙들어 주십니다.
죽음을 이기신 부활의 주님이 함께하시기에
저는 담대히 외칠 수 있습니다.

"주님이 나를 도우시니 두려워하지 않을 것이다.
사람이 나를 어찌하겠는가?"

고난을 넘어

지금은 비록
아이가 높은 계단을 오르듯
제게 닥친 고난이 힘겹게 느껴지지만,
저를 사랑하시는 아버지께서 항상 붙드시고
굳건히 세우실 것을 믿습니다.

주님과 함께 거뜬히 고난을 넘어
더욱 성장하게 도와주세요.

물고기처럼 자유롭게

내게 능력 주시는 자 안에서
내가 모든 것을 할 수 있느니라

빌립보서 4:13

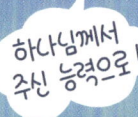

보이지 않는 바닷물의 압력처럼
고난이 저를 짓누릅니다.
문득 바닷속 작은 물고기가
유유히 헤엄치는 비결이 궁금해집니다.
몸속이 체액으로 가득 차있기에
수압을 잘 견딜 수 있다고 하네요.

주님, 아버지께서 주시는 능력으로
제 영혼을 채워주세요.
바닷물의 압력 같은 거대한 고난이 덮쳐와도
주님이 주시는 힘과 은혜로
유유히 헤엄치며 살게 해주세요.

주께서 나를 들어 올리셨고

아버지께서 저를 환난에서 들어 올리시고
독수리 날개 치며 올라가듯 새 힘을 주십니다.

땅만 바라보며 슬퍼하던 제 영혼은
아버지의 시선으로 즐거워합니다.

원수의 목전에서 상을 베푸시는 주님!
당신의 이름을 높이며 영원히 찬양합니다.

오 여호와여, 내가 주를 높입니다
주께서 나를 들어 올리셨고
내 적들이 나를 보고 즐거워하지
못하게 하셨습니다

시편 30:1

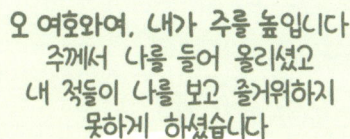

성령의 능력으로

그의 영광의 풍성함을 따라
그의 성령으로 말미암아
너희 속사람을 능력으로
강건하게 하시오며

에베소서 3:16

아버지께서 제게 성령님을 주셨습니다.
이 세상을 헤쳐 나갈 때 함께하시는
아버지의 또 다른 모습이지요.

성령 하나님 아버지는
제 영혼, 속사람을 강건하게 하시고
능력을 부어주십니다.

성령충만함으로 오늘도 아버지와 함께
생명의 길을 씩씩하게 걸어갈래요.

사방으로 욱여쌈을 당하여도

우리가 사방으로
욱여쌈을 당하여도
싸이지 아니하며
답답한 일을 당하여도
낙심하지 아니하며
박해를 받아도
버린 바 되지 아니하며
거꾸러뜨림을 당하여도
망하지 아니하고

고린도후서 4:8-9

가파르고 험난한 길을 걷다 보면
영혼의 발이 걸려 넘어지는 수많은 돌부리가 있습니다.
시야를 조여오는 강한 햇빛과 안개와 같은 답답함,
눈앞의 온갖 고난과 장애물과 박해가 제 영혼을 위협합니다.
사방으로 욱여쌈을 당하는 느낌이지요.

그러나 그런 것들은 제 영혼을 망가뜨리지 못합니다.
결코 낙심시키거나 버림받게 할 수 없습니다.
오직 제 달려갈 길을 아시는 주님께서 저와 함께하시며
완주할 수 있도록 도우시기 때문입니다.

약속하신 영광을 향해

하루를 살면서 크고 작은 고난과 도전이
파도처럼 밀려옵니다.
제 영혼을 휩쓸어버릴 것 같은
거대함에 잠시 주춤합니다.

그러나 아버지의 힘찬 응원 소리에
저는 믿음 위에 굳건히 올라섭니다.
주님이 약속하신 그 영광을 바라보며
고난 위에 거침없이
올라타는 자가 되게 해주세요.

치유의 하나님

여호와께서 그를 병상에서
붙드시고 그가 누워 있을 때마다
그의 병을 고쳐 주시나이다

시편 41:3

아버지, 너무 아픕니다.
아픈 것만큼 견디기 힘든 것도
없는 것 같습니다.
침상이 저를 끌어당기는 것처럼
제 영혼이 가라앉습니다.
열이 나고 온몸이 으슬으슬 떨립니다.
몸도 마음도 고통 속에 신음합니다.
여호와 라파, 치유의 하나님.
생명의 근원 되시고
사망 권세를 이기신 아버지!
저를 병상에서 붙드시고
고쳐주실 것을 믿습니다.

송아지같이 뛰리라

주님은 제 사랑하는 아바 아버지요
여호와 하나님이십니다.
삶의 모든 영역에서
절대 주권을 가지신 분이지요.

아버지를 경외합니다.
당신의 주권을 인정합니다.
제 몸도 영혼도 다 주의 것입니다.
아버지를 경외하는 자들에게
치료의 광선을 비춰
치유해주신다고 하셨습니다.
송아지같이 뛰며
주님을 찬양하기를 원합니다.

내 이름을 경외하는 너희에게는
공의로운 해가 떠올라서
치료하는 광선을 비추리니
너희가 나가서 외양간에서 나온
송아지 같이 뛰리라

말라기 4:2

다윗의 시간

타는 듯한 어려움이
제 앞을 가로막아도
주님의 사랑으로
넉넉히 이길 것을 믿습니다.

모든 고난은 제 팔다리를
더욱 굳건하게 할 것입니다.
아버지의 응원 소리와 사랑의 음성에
귀 기울이는 시간으로 채워질 것입니다.

큰 용사로 성장하는 저를
지켜봐주세요, 아버지!

최고 경영자, 하나님

너의 행사를 여호와께 맡기라
그리하면 네가 경영하는 것이
이루어지리라

잠언 16:3

해야할 일과 하고 싶은 일

사이에서 매일 사투합니다.

이 계획이 좋을지, 저 아이디어가 나을지

수많은 결정과 선택 사이에서 고민합니다.

제 삶의 최고 경영자가 저인 양

착각에 빠져서 말이죠.

그렇게 제 눈에 좋은 걸 시도했다가

엎어지기를 수십 번,

결국 최고 경영자이신 아버지께

제 일과 계획, 소망, 삶 전체를 내려놓습니다.

이른 비와 늦은 비

비가 촉촉히 내립니다.
때맞춰 내려주시는 비를 통해
하나님의 손길을 느낍니다.

저는 한 치 앞도 내다보지 못하지만
모든 것을 주관하시는 아버지께서
필요한 것을 때에 따라 주심을 믿습니다.

제 인생의 완벽한 때를 아시는 주님!
비도 햇빛도 모두 감사드립니다.

인생의 가을이 다가올 때

아버지와 걷다 보니
어느덧 인생의 가을이 다가오고 있습니다.
이러다가 주님께서 기뻐하실 만한 열매를
맺지 못할까 조바심이 납니다.
이 마음을 아셨는지 아버지께서 속삭이십니다.

"내게 다 맡겨라, 내가 이루리라."

그렇습니다.
열매 맺게 하시는 분은 나무이신 주님입니다.
가지인 저는 그저 주님께 꼭 붙어
아름다운 열매가 맺히는 걸 목도할 뿐입니다.

네가 늙어도 나는 여전히

너희가 노년에 이르기까지 내가 그리하겠고
백발이 되기까지 내가 너희를 품을 것이라
내가 지었은즉 내가 업을 것이요
내가 품고 구하여 내리라

이사야 46:4

점점 나이 들어갑니다.
'언제 이렇게 나이를 먹었지?' 하는 생각이 많이 듭니다.
겉은 늙지만 속은 여전히 철없는 아이 같습니다.
사랑스러운 할머니가 되는 게 꿈인데
아직 늙어가는 게 적응이 되지는 않습니다.

주님은 제가 늙어 백발이 되어도
아이처럼 품에 안아주신다 합니다.

제 편을 들어주시고 감당하겠다 하십니다.
기억력도 예전 같지 않아 자꾸 냉장고에
넣어야 할 것을 찬장에 넣으려 해서 놀랄 때도
저를 구해내겠다 하십니다.

제 육신은 늙고 변합니다.
그럼에도 언제나 저를 저로 대하시는
사랑하는 아버지가 계십니다.
얼마나 위로가 되는지요!
주님의 사랑은 영원히 가늠할 수 없습니다.

지혜있는 자는 빛과 같이

주님께서 주시는 지혜는
하나님 자녀로서 살게 하는 능력입니다.

자녀로서 어떻게 말하고 행동해야 하는지
형제들을 어떻게 도와야 할지 가르쳐주지요.

오늘도 지혜의 근본이신 주님과 동행하며
주변의 많은 사람을
빛 되신 주님의 길로 이끌게 해주세요.

그러므로 형제들아
내가 하나님의 모든 자비하심으로 너희를 권하노니
너희 몸을 하나님이 기뻐하시는 거룩한 산 제물로 드리라
이는 너희가 드릴 영적 예배니라
로마서 12:1

Part 6

예배, 그분과 나의 사랑의 교제

누군가를 진심으로 사랑하게 되면
그 사람과 모든 것을 나누고 싶습니다.
보여주고 싶은 것만 보여주는 게 아니라
비밀과 허물도 다 드러내고 싶지요.
있는 그대로 받아주고 사랑하는 관계를 원합니다.

완전하지 못한 인간 사이에는
그런 관계가 두렵고 부담스러워
도망가기도 합니다.

그러나 제 모든 것을 아시는
주님께는 할 수 있습니다.
그분은 저를 온전히 받기를 원하십니다.
전인격적인 제 전부를 말입니다.
그것이 예배라고 하십니다.
그런 관계는 오직 주님과만 가능합니다.

예배는 주님과의 친밀한 교제의 시간이며
맘속 모든 비밀과 소망을 털어놓는 시간입니다.
주님의 사랑 안에 위로받는 시간이며
눈물로 용서받는 시간입니다.
주님께서 얼마나 멋지고 좋으신 분인지
자랑하는 시간입니다.

감사와 기쁨과 즐거움의 축제입니다.
제 삶 전체를 주님께 예배로 드리고 싶습니다.

마음을 받으시는 아버지

아버지는 마음이 상한 자를
가까이하시는 분입니다.
죄로 괴로워하는 영혼에게
관심을 갖는 분입니다.

아버지와 친밀한 교제를 가지려면
먼저 마음을 그분께 드려야 합니다.
죄책과 좌절에 얼룩진 마음을
솔직하게 드러내야 합니다.

제 마음을 받으시는 아버지는
손 내밀어 주시며
다시 일어나 함께 가자고 말씀하십니다.

여호와께서는 마음이 상한 사람들 곁에 계시고 뉘우치는 마음이 있는 사람들을 구원하십니다.

시편 34:18

마음 구석구석 씻어주세요

자기 허물을 능히 깨달을 자 누구리요
나를 숨은 허물에서 벗어나게 하소서

시편 19:12

아버지께서는
제 마음 구석구석을 다 아세요.
어떤 상한 감정에 휩싸여도
달려가 모든 걸 털어놓을 수 있는 분이지요.
알게 모르게 지은 죄악과 허물로
무거운 마음을 주님 앞에 내려놓습니다.

제 모든 잘못을 깨끗이 씻어주세요!
주님을 향한 제 마음이 언제나 정결할 수 있도록
우리 사이에 아무것도 감춰진 것이 없게 해주세요.

정결한 모습으로

아버지와 시간을 보내는 것보다
더러운 흙탕물에서 노는 데 정신이 팔렸습니다.
밥 먹으라는 아버지 음성도 듣지 못한 채
위험한 곳을 이리저리 나다녔지요.
온몸이 더러워지고 냄새가 나고
여기저기 상처도 생겼습니다.

날이 어둑어둑합니다.
길을 잃어 울고 있을 때
멀리서 절 찾으러 오신 아버지가 보입니다.
눈물 글썽이며 아버지 품에 매달렸지요.
아버지는 저를 집으로 데려가
따뜻한 물로 씻기시고 새 마음과 영을 부어주시며
정결한 모습으로 회복시켜 주셨습니다.

맑은 물을 너희에게 뿌려서 너희로 정결하게 하되
곧 너희 모든 더러운 것에서와 모든 우상 숭배에서
너희를 정결하게 할 것이며

에스겔 36 : 25

영혼의 세수

여호수아가 또 백성에게 이르되
너희는 자신을 성결하게 하라
여호와께서 내일 너희 가운데에
기이한 일들을 행하시리라

여호수아 3:5

죄 많은 세상에 살다 보면
제 영혼에 먼지처럼 달라붙는
죄악이 있습니다.
그럴 때마다 매일 세수하듯이
제 마음을 회개의 눈물로 씻어냅니다.

날마다 스스로 정결케 하여
주님의 아름답고 놀라운 일을
맞이하도록 도와주세요.
오늘도 제가 씻는 동안
수건을 들고 기다리시는
아버지의 입가에 미소가 옅게 번집니다.

세상에 없는 말씀 맛

주의 말씀의 맛이 내게 어찌 그리 단지요
내 입에 꿀보다 더 다니이다

시편 119:103

아버지께서는 제 영혼을 먹이시는
양식을 갖고 계십니다.
바로 아버지의 말씀입니다.

그 맛은 너무도 오묘하고 달콤해서
세상이 줄 수 없는 맛입니다.
아버지의 말씀은 생명력이 있습니다.
그것을 먹은 영혼은 살아 움직이지요.
아버지는 말씀으로 이 세상도 지으셨어요.

때에 따라 주시는 말씀이 제 모든 필요를 채웁니다.
제 영혼을 살리는 그 말씀을
오늘도 아이처럼 꿀꺽꿀꺽 받아먹습니다.

아빠의 사랑 편지

모든 성경은 하나님의 감동으로 된 것으로
교훈과 책망과 바르게 함과 의로 교육하기에
유익하니 이는 하나님의 사람으로
모든 선한 일을 위해 온전히 준비되게 한다.

디모데후서 3:16-17

성경은 아빠이신 주님이
저를 위해 빼곡히 써주신 편지입니다.
사랑으로 꾹꾹 눌러 담으신 말씀에서
저를 향한 아버지의 사랑을
듬뿍 느낄 수 있지요.

제게 지혜와 위로를 주시고
소망을 품게 하십니다.
또 고난을 참아낼 인내를 주십니다.
믿음은 들음에서 난다 하셨습니다.
망령되고 허탄한 것들에 귀 기울이지 않고
사랑하는 아버지의 말씀에만 귀 기울여
마음과 믿음을 지키게 도와주세요.

몽땅 쏟아놓습니다

아버지께서는 제 입술에 기도를 주셨습니다.
답답하고 조급한 마음에
무엇을 어떻게 기도해야 할지 모를 때
그저 부르짖으라 하십니다.
마음을 몽땅 내어놓고 아버지 품에 안겨
엉엉 울라고 하십니다.
의심과 비밀, 죄악과 상한 감정,
소망과 바람을 아버지께 쏟아놓습니다.
부끄러움 없이 제 모습을 아버지께 드러냅니다.
그런 저를 주님은 외면하지 않으십니다.

완전한 주님께서는 제가 알지 못하는 감정에 휩싸여
쏟아놓는 말들도 다 이해하십니다.
제 한숨마저도 귀 기울이시는 분이니까요.
제가 기도하는 것 이상의 놀라운 응답을 약속하십니다.
크고 비밀스러운 일들을 알려주신다 하십니다.

너는 내게 부르짖으라
내가 네게 응답하겠고
네가 알지 못하는
크고 은밀한 일을
네게 보이리라

예레미야 33:3

날 가장 잘 아시는 분

아버지는 제가 무엇을 좋아하며
무엇이 가장 필요한지 아시는 분입니다.
그분이 저를 만드셨기 때문이지요.

때를 따라 제 필요를 채우시며
섬세하게 돌보시는 아버지입니다.
만일 제가 구했는데 주시지 않는다면
제게 없어도 되는 것일 테지요.

이제까지 주신 것과 주시지 않은 것
모두 감사드립니다, 아버지.

구하라 그리하면 너희에게 주실 것이요
찾으라 그리하면 찾아낼 것이요
문을 두드리라 그리하면 너희에게 열릴 것이니

마태복음 7:7

아버지 품에서, 아버지의 눈으로

여호와께서는 주를 부르는
모든 사람들, 진심으로
주를 부르는 모든 사람들
가까이에 계십니다

시편 145:18

아버지, 저를 안아주세요.
제 영혼이 아이처럼 주님을 부릅니다.
아버지 품 안에서, 아버지의 눈으로
세상을 보고 싶어요.

홀로 이 세상을 바라보면
절망과 두려움뿐이지만
아버지 품에선
천국의 시선으로 볼 수 있습니다.

아버지가 환한 미소로
그 크신 팔을 벌리십니다.
제 모든 고민이
먼지처럼 흩어져 버립니다.

나는 모르지만 주님은 아세요

아버지는 제 모든 필요를 아세요.
필요한 걸 안 주실까 봐
걱정하지 않아도 되지요.
저보다 저를 더 잘 아시고
완벽한 타이밍까지 아십니다.

하지만 저는 알지 못해요.
무엇이 필요한지,
언제 구해야 하는지를요.
그래서 기도합니다.

모든 것을 아시는 아버지의 뜻이
제 삶에 온전히 이루어지기를
오늘도 감사하며 아룁니다.

영혼의 통역관

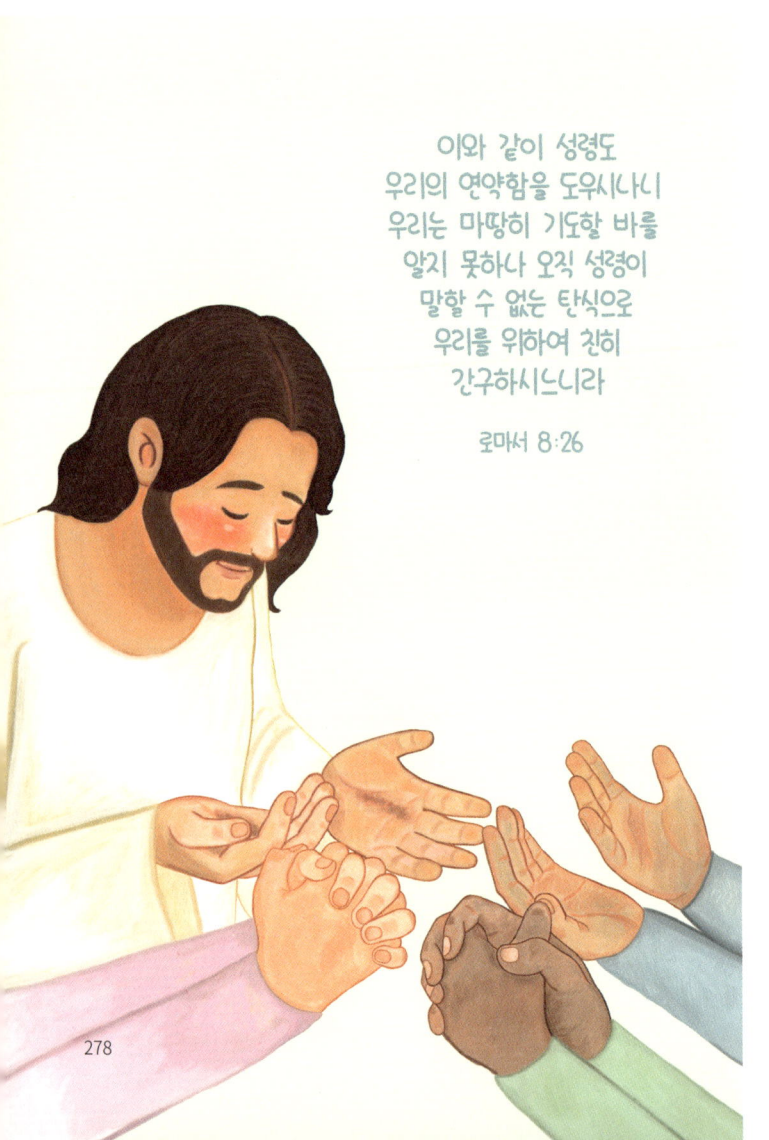

이와 같이 성령도
우리의 연약함을 도우시나니
우리는 마땅히 기도할 바를
알지 못하나 오직 성령이
말할 수 없는 탄식으로
우리를 위하여 친히
간구하시느니라

로마서 8:26

저는 말을 조리 있게 못 합니다.
글로 쓰면 그나마 느릿느릿 생각하며
뭘 말하고 싶은지 정리할 수 있지만
그것도 잘 안 될 때가 많아요.

또 솔직한 마음을 기도로 고백하고 싶지만
인간의 언어로는 도저히 표현할 수 없는
감정이 들 때가 있어요.
무엇을 어떻게 기도해야 할지
그림과 노래로도 표현할 수 없는
감정과 컨디션에 따른 횡설수설과 중언부언.

그런데 성령 아버지께서 친히 우리를 위해
말할 수 없는 탄식으로 간구하신다 합니다.
이 얼마나 위로가 되는 말인지요!
마치 영혼의 통역관과 함께하는 듯한
든든함입니다. 할렐루야!

주님의 뜻은 무엇인가요?

사랑하는 아버지.
제 곁에 계시기에
항상 기뻐할 수 있고
쉬지 않고 대화할 수 있으며
당신의 존재 자체로
감사가 흘러나오는 것,
그것이 아버지가
제게 가장 원하시는 것입니다.

아버지와 사랑의 교제,
그것이 아버지의 뜻입니다.

사랑의 역사

돌아보면
감사할 일이 얼마나 많은지요!

이제까지 세심하게 베풀어주신
크고 작은 일상들.
저를 웃음 짓게 하신
아버지의 사랑스러운 손길들.
모두 아버지가 주신 선물입니다.

오늘도 제 삶에
아버지와의 사랑의 역사는 계속됩니다.

감사와 찬송

감사함으로 그의 문에 들어가며
찬송함으로 그의 궁정에 들어가서
그에게 감사하며
그의 이름을 송축할지어다

시편 100:4

열매가 익어가는 가을이에요.
오늘은 추수 감사절입니다.

아버지와 함께면
매일이 축제이고 감사절이지만
그래도 구별하여 감사를 드리고 싶어요.
베풀어주신 것들로
가장 맛있는 음식과 디저트를 만들어
아버지께 드리고 싶어요.

아름다운 아버지의 뜰에서
영원히 감사하며 찬양을 드리기 원합니다.

영혼의 체취

하루 동안 제가 내뱉은 말과 마음의 생각을
과연 주님께서 얼마나 기쁘게 받으실까요?

말과 생각은 마치 제 몸에서
뿜어져 나오는 체취 같아서
제 영혼의 상태를 잘 보여줍니다.

영혼의 빛 되시는 주님께 더욱 가까이 붙어
흘러나오는 모든 말과 생각이
아버지가 기뻐하실 만한 것이 되기를 기도합니다.

나의 반석이시요 나의 구속자이신 여호와여
내 입의 말과 마음의 묵상이
주님 앞에 열납되기를 원하나이다

시편 19:14

한 분을 위한 콘서트

아버지의 선하심과
인자하심을 찬양합니다.

작지만 소중한 제 방,
가장 아끼는 의자에 주님을 모시고
찬양을 드리고 싶습니다.
일상의 어느 순간, 어떤 곳에서든
아버지와 단둘이 콘서트를 열며
당신의 사랑을 노래하고 싶습니다.

아버지를 기뻐하는 것이
나의 힘이요 기쁨입니다.

나는 주님의 상수리나무

무릇 시온에서 슬퍼하는 자에게 화관을 주어
그 재를 대신하며 기쁨의 기름으로 그 슬픔을 대신하며
찬송의 옷으로 그 근심을 대신하시고 그들이 의의 나무
곧 여호와께서 심으신 그 영광을 나타낼 자라
일컬음을 받게 하려 하심이라

이사야 61:3

재를 뒤집어쓰고
통곡해야 마땅한 슬픈 사람,
제가 그 사람으로 느껴질 때가 있습니다.

아무 희망도 보이지 않고
잿더미에 구르며 울고 싶은,
절망 그 자체인 사람 말입니다.

그런 제 곁에 다가오시는 분이 계십니다.
재를 씻으시고 향기로운 기름을 바르시며
아름다운 꽃으로 엮은 화관을 씌워주시는 분.
그분이 제 손을 잡아 일으키며 부르십니다.

"너는 정의의 상수리나무야.
하나님의 영광을 드러내려고 손수 심으셨지."

통곡 대신 찬양이 흘러넘치고
그 찬양이 저의 옷이 됩니다.
저는 의로우신 주님의 상수리나무가 되어
그분 안에서 힘차게 자라납니다.
도토리 열매도 하나둘 달립니다.

주께서 나의 슬픔이 변하여 내게 춤이 되게 하시며
나의 베옷을 벗기고 기쁨으로 띠 띠우셨나이다

시편 30:11

예로부터 임금님 수라상에 수시로 올려진
도토리묵 덕에 '상수리나무'라는 이름이 붙여진 것처럼
나의 왕 되신 주님께 도토리묵을 대접하는
상수리나무가 된 것입니다.

정의 그 자체이신 하나님의
상수리나무 되게 하심을 찬양합니다. 할렐루야!

뭐가 걱정이야!

우리 가운데서 역사하시는 능력대로
우리가 구하거나 생각하는 모든 것에
더 넘치도록 능히 하실 이에게

에베소서 3:20

아버지께선 제가 상상하는 것
이상으로 부어주시는 분입니다.
온갖 좋은 은사와 온전한 선물을
넘치게 주시며 말씀합니다.

"네 입을 크게 열라. 내가 채우리라!"

아버지를 바라볼 수 있는
영혼의 눈과 기쁨이 넘치는 마음,
고난 속에도 흔들림 없는 믿음을 주시는
아버지 덕분에 오늘도 이렇게 외칩니다.

"아버지가 고난보다 훨씬 크신데, 뭐가 걱정이야!"

줄로 재어주신 구역

아버지께서 제게만 특별히
베푸신 것들을 감사드립니다.
제 성품, 성향, 개성, 환경, 사람,
약점과 고난마저도.

그 모든 것이 아름다운 이유는
주님이 줄로 재어주신 구역이기 때문입니다.
나의 기업이 되시는 하나님!
아버지가 저를 통해 맺고 싶어 하시는
열매들을 제게 줄로 재어주신 구역에서
목도하기를 원합니다.

한 가지 소원

내가 여호와께 바라는 한 가지 일
그것을 구하리니 곧 내가 내 평생에
여호와의 집에 살면서
여호와의 아름다움을 바라보며
그의 성전에서 사모하는 그것이라

시편 27:4

제게 소원이 하나 있다면
사랑하는 아버지와 함께 거하며
당신의 선하심과 아름다움을 노래하는 것입니다.
아버지와의 영원한 교제만을 사모합니다.

아버지를 떠나서는 제 영혼이 길을 잃고
사망에 갇혀 소망이 없습니다.
죽음의 자리에서 신음하고 있을 때
주님은 저를 구하셨고 자녀 삼아주셨습니다.

저는 정체성을 되찾았고
삶의 이유를 깨달았습니다.
저는 창조주 하나님과 교제하기 위해
지음 받은 아버지의 자녀입니다.
아버지와 두 손 꼭 잡고 영원한 천국을 누리는
아버지의 소중한 아이입니다.

우리는 그가 만드신 바라
그리스도 예수 안에서 선한 일을 위하여 지으심을 받은 자니
이 일은 하나님이 전에 예비하사
우리로 그 가운데서 행하게 하려 하심이니라
에베소서 2:10

Part 7

아버지를 닮는다는 것은

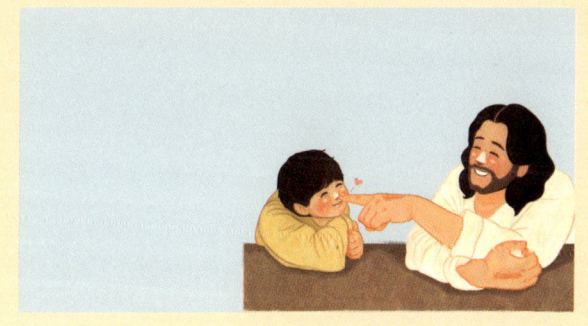

우리는 그리스도 예수 안에서
선한 일을 감당할 수 있도록 지음 받았습니다.

예수님의 제자 되어,
아버지의 자녀 되어
하나님을 드러내도록 창조되었지요.

지금은 비록 연약하고
때로는 말썽을 부리는
어린아이 같은 자이지만

주님 안에서 그리스도의 장성한 분량이
충만한 데까지 이를 것을 믿습니다.

날마다 그리스도의 형상으로
자라나게 도와주세요.
아버지를 꼭 닮은 자녀가 되고 싶습니다.

소년 예수님처럼

예수는 지혜와 키가 자라가며
하나님과 사람에게 더욱
사랑스러워 가시더라

누가복음 2:52

주님의 어렸을 때 모습은
얼마나 사랑스러웠을까요?

영적으로 어린아이여서
성장과 성숙이 필요한 저는
예수님의 소년 시절을 묵상합니다.
날로 지혜와 키가 자라며
사랑스러워 가셨던 예수님.

저도 하나님의 관점에서
세상을 보는 지혜를 주시고
키가 자라듯 주님을 아는 지식이 자라나며
하나님과 사람에게 사랑스러운 자 되게 해주세요.

나의 십자가

또 무리에게 이르시되
아무든지 나를 따라오려거든
자기를 부인하고
날마다 제 십자가를 지고
나를 따를 것이니라

누가복음 9:23

주님을 따르며
이 세상을 살아갈 때
져야 할 십자가가 있습니다.

주님의 제자로서
주님을 닮아가기 위해
주어지는 것입니다.

오늘도 죄악 된 삶을 죽이며
자신을 부인하고 제 십자가를 지고
주님만 따르게 도와주세요.

결핍이 복이다

제 마음은 파산 상태입니다.
그런데 주님은 제게 복되다 하십니다.
그 가난한 마음이
주님을 갈구하기 때문입니다.

피폐한 황무지 같은 제 마음엔
생명 되신 주님이 필요합니다.
이 결핍은 주님을 찾게 하기에
제게 진정 복입니다.

주님으로 채워주세요.
주님이 제 천국이십니다.

한 영혼을 귀히 여기시고

내가 너희에게 이르노니
이와 같이 죄인 한 사람이 회개하면
하늘에서는 회개할 것 없는
의인 아흔아홉으로 말미암아
기뻐하는 것보다 더하리라

누가복음 15:7

잃어버린 양 한 마리를
찾아 헤매는 선한 목자이신 주님!
한 사람, 한 영혼,
한 예배자에게 집중하시는
주님을 찬양합니다.

일개 죄인에 불과했던 저를
귀히 여기시는 주님!
저도 주님을 닮아
세상 숫자에 집착하지 않고
누구에게든, 무슨 일이든
주께 하듯 하겠습니다.

아버지께 심긴 나무

제 영혼은 이제
생명의 길, 좋은 땅에 심긴
나무가 되었습니다.
생명수 흐르는 아버지의 땅에
뿌리 박고 무럭무럭 자라납니다.

변화된 제 삶에 걸맞는
아름다운 열매를 맺게 해주세요.
아버지의 성품 닮은 성령의 열매들이
주렁주렁 열리기를 원합니다.

그러므로 회개에 합당한
열매를 맺고

마태복음 3:8

분별하는 지혜

범사에 헤아려
좋은 것을 취하고

데살로니가전서 5:21

혼란한 세상 속엔
좋은 것과 나쁜 것이 뒤섞여 있습니다.

아버지의 기준을 알지 못한다면
우리를 미혹하는 것투성이입니다.

범사에 헤아려 분별하는 지혜를 주세요.
주님께서 허락하신 좋은 것만 취하게 해주세요.

아빠 자녀답게!

그러므로 너희는 하나님이 택하사
거룩하고 사랑 받는 자처럼
긍휼과 자비와 겸손과 온유와
오래 참음을 옷 입고

골로새서 3:12

아버지의 사랑으로
옷 입은 자로서
구별되게 해주세요.

아버지의 자녀답게
긍휼과 친절과 겸손과
온유와 오래 참음을
나타내며 살게 해주세요.

어디서 무슨 일을 해도
아버지의 자녀임이
티 나게 해주세요!

시기로부터 마음을 지키며

저보다 잘나거나
좋아 보이는 것을 얻은 형제자매에게
시기와 질투가 올라올 때가 있습니다.

부패한 감정은 영혼의 뼈를 썩게 하고
사망에 이르게 합니다.

이 상하고 냄새나는 감정을 즉시 물리칩니다.
오직 평강의 아버지와 동행하며
마음을 지키길 원합니다.

화를 내도 죄짓지 말아라

이 악한 세상을 살면서
억울하고 분통 터지는 일이 많습니다.
그런 제 마음을 주님께 솔직히 고백합니다.
주님은 저를 공감하며 말씀하십니다.

"애야, 화를 내어도 죄를 짓지 말거라."

주님, 죄짓지 않게 도와주세요.
마귀에게 틈을 주지 않게 해주세요.
주님 말씀에 귀 기울여
부정적인 감정에서 빨리 빠져나와
죄짓지 않게 도와주세요.

분을 내어도 죄를 짓지 말며
해가 지도록 분을 품지 말고

에베소서 4:26

마음이 달달해지는 선한 말

선한 말은 꿀송이 같아서
마음에 달고
뼈에 양약이 되느니라

잠언 16:24

말은 생명력이 있어요.
사람을 살릴 수도
죽일 수도 있지요.

주님은 말씀으로
온 세상을 창조하셨고
죽은 자를 살리셨습니다.

아버지의 자녀다운
언어의 소유자가 되어
은혜롭고 선한 말로
사람을 세우고 살리게 해주세요.

성장의 계절

그 안에 뿌리를 박으며
세움을 받아 교훈을 받은 대로
믿음에 굳게 서서
감사함을 넘치게 하라

골로새서 2:7

생명이 움트는
봄이 찾아왔습니다.

아버지의 자녀로서
주님 안에 뿌리 내리게
해주심을 감사합니다.

믿음이 더욱 성장하며
감사가 넘치길 원해요.
아버지의 땅에 굳게 서서
무럭무럭 자라나게 해주세요.

그리스도의 향기

나를 그리스도의 향기라
말씀해주시는 주님!

혼탁과 미혹이 가득한 세상에서
분명한 정체성과 향기로
오직 주님만을 드러내게 해주세요.

우리는 구원 받는 자들에게나
망하는 자들에게나
하나님 앞에서 그리스도의 향기니

고린도후서 2:15

뜨겁게 사랑하자!

사랑에는 거짓이 없나니
악을 미워하고
선에 속하라

로마서 12:9

사랑이자 선 그 자체이신 주님!
악을 미워하고 이웃과 형제들과
참된 사랑을 하길 원합니다.

사랑하는 자는 율법을
다 이루었다고 하시는 아버지!
주님은 사랑이십니다.

아버지를 온전히 닮아
거짓 없는 뜨거운 사랑을 하게 하소서.

님과 함께

형제들아 너희는
각각 부르심을 받은 그대로
하나님과 함께 거하라

고린도전서 7:24

저를 무엇으로 부르셨든지
그 자리에서 주님과 함께할래요.

무얼 하느냐보다
주님과 함께하느냐가
더 중요하니까요.

저를 만드신 주님만이
제 삶의 목적과 이유를 아십니다.
부르신 자리에서 주님과 거하며
아버지의 뜻대로 주어진 일을 배워갈래요.

인생 그림

당신께서 주신
아름다운 자유 의지로
인생의 그림을 그립니다.

가끔 서툴러서
실수하고 망치기도 하지만
주님은 그 위에
은혜의 붓질로 덮어주십니다.

겹겹이 쌓여
깊이가 더해지는 그림처럼,
모든 것이 합력하여
아름다운 작품이 되어갑니다.

제 삶도 주님의 형상 닮은 작품으로
만들어주실 것을 믿습니다.

우리가 알거니와 하나님을 사랑하는 자
곧 그의 뜻대로 부르심을 입은 자들에게는
모든 것이 합력하여 선을 이루느니라

로마서 8:28

아버지께 하듯

무슨 일을 하든지 마음을 다하여
주께 하듯 하고
사람에게 하듯 하지 말라

골로새서 3:23

사랑과 성실의 하나님.
충성된 자를 기뻐하시는 아버지.

제가 무슨 일을 하든지 주께 하듯 한다면
아버지의 성품을 닮을 수 있습니다.

아버지를 대하듯 주어진 모든 일을
사랑으로 행하게 도와주세요.

아버지처럼 사랑하겠습니다

주님은 제게 맡기신 사람들을
사랑으로 돌보길 원하십니다.
주님 역시 섬기러 오신
겸손의 왕이셨기 때문입니다.
제자들의 발을 닦아주셨고
배고픈 자들을 먹이셨습니다.

저도 주님의 손과 발이 되어
섬기기를 원합니다.
아버지를 꼭 닮은 자녀로서
이웃을 사랑하겠습니다.

주님 같은 친구

서로 친절하게 하며 불쌍히 여기며
서로 용서하기를 하나님이 그리스도 안에서
너희를 용서하심과 같이 하라

에베소서 4:32

제 인격과 재능, 삶의 다방면을 성장시키는
친구들을 보내주셔서 감사합니다.
철이 철을 날카롭게 하듯
우정과 교감, 진심 어린 조언으로
저란 인간이 다듬어져 갑니다.

저도 제 친구들에게
좋은 친구가 되고 싶습니다.
최고의 친구이신 주님과의 친밀함 속에서
주님 닮은 좋은 친구 되게 해주세요.

소중한 지체

만일 한 지체가 고통을 받으면
모든 지체가 함께 고통을 받고
한 지체가 영광을 얻으면
모든 지체가 함께 즐거워하느니라

고린도전서 12:26

엄지발가락 하나를 다쳤는데
걷기가 힘들고 온몸이 괴롭습니다.
엄지발가락이 별것 아닌 듯 보이지만
체중을 분산시키고 중심을 잡아주는
중요한 지체입니다.

이렇듯 우리는 하나이며
머리 되시는 주님의 소중한 지체입니다.
그 누구도 하찮게 여기거나
소홀히 대하지 않겠습니다.

이웃을 대하는 방법

주님은 사람을
외모로 판단하지 않으시고
고아와 과부를 위해 정의를 행하시며
나그네를 사랑하십니다.

세리와 창기의 믿음을 보시며
이웃을 네 몸과 같이 사랑하라 말씀하십니다.
저도 이웃을 판단하지 않으며
주님을 대하듯 하기를 원합니다.

임금이 대답하여 이르시되
내가 진실로 너희에게 이르노니
너희가 여기 내 형제 중에
지극히 작은 자 하나에게 한 것이
곧 내게 한 것이니라 하시고

마태복음 25:40

끝까지, 끝까지!

너희는 스스로 삼가
우리가 일한 것을 잃지 말고
오직 온전한 상을 받으라

요한2서 1:8

인생의 롤 모델이신 주님.
매일 주님을 바라보며 저를 돌아봅니다.

이제까지 수고해 이루게 하신 것들을
죄로 인해 잃고 싶지 않아요.

믿음의 경주를 끝까지 뛸 수 있게 힘주세요.
주님이 주시는 온전한 상을 받게 해주세요.

날로 새로워집니다

그러므로 우리가 낙심하지 아니하노니
우리의 겉사람은 낡아지나
우리의 속사람은 날로 새로워지도다

고린도후서 4:16

제 겉 사람은
풀처럼 시들고 있습니다.

그러나 영원한 주님을
마음에 모신 제 속사람은
천국 백성다운 모습으로
날마다 성장하며 새로워집니다.

아버지 닮은 자녀로서
제 본연의 모습으로 변화하고 있습니다.

주님과 추억을 쌓아갑니다

친한 친구와 얼굴을 맞대고 이야기하듯
매일 주님과 추억을 쌓습니다.

말씀으로 주님의 음성을 듣고
기도로 주님과 대화하고
예배 가운데 주님의 얼굴을 구하며
주님의 모습을 그려봅니다.
그렇게 하루하루가 모여
주님과의 역사가 쌓여갑니다.

언젠가 제가 잠을 깨고
주님과 얼굴과 얼굴을 맞댈 그날,
그토록 그리던 주님 닮은 모습으로
만족할 것입니다.
아버지 닮은 자녀의 모습으로
기쁨 속에서 사랑하는 주님을 볼 것입니다.
할렐루야!

나의 달려갈 길을 마치고

아버지께서 보여주신 생명의 길을
끝까지 달려가길 원합니다.
청지기로서 맡겨주신 모든 것을
사랑과 성실로 끝까지 섬기는 자 되게 해주세요.

주님의 큰 용사로 선한 싸움을 싸우며
승리하는 자 되기를 원합니다.
절대 포기하지 않으며 달려갈 길을 마치고
끝까지 믿음을 지키게 도와주세요.

"잘하였다!" 칭찬받는
주님의 자녀가 되기를 원합니다.

나는 선한 싸움을 싸우고
나의 달려갈 길을 마치고
믿음을 지켰으니

디모데후서 4:7

그림예배자

초판 1쇄 발행	2022년 6월 30일
지은이	은요공
펴낸이	여진구
책임편집	김아진 정아혜
편집	이영주 정선경 최현수 안수경 김도연
책임디자인	조은혜 마영애	노지현
홍보 · 외서	진효지
마케팅	김상순 강성민 허병용
마케팅지원	최영배 정나영
제작	소영석 정도봉
경영지원	김혜경 김경희 이지수

303비전성경암송학교 박정숙 최경식
이슬비전도학교 / 303비전성경암송학교 / 303비전꿈나무장학회

펴낸곳   규장

주소 06770 서울시 서초구 매헌로 16길 20(양재2동) 규장선교센터
전화 02)578-0003   팩스 02)578-7332
이메일 kyujang0691@gmail.com   홈페이지 www.kyujang.com
페이스북 facebook.com/kyujangbook   인스타그램 instagram.com/kyujang_com
카카오스토리 story.kakao.com/kyujangbook
등록일 1978.8.14. 제1-22

ⓒ 저자와의 협약 아래 인지는 생략되었습니다.
이 출판물은 저작권법에 의해 보호를 받는 저작물이므로 무단 전재와 무단 복제를 할 수 없습니다.

책값 뒤표지에 있습니다.
ISBN 979-11-6504-347-6 03230

규 | 장 | 수 | 칙

1. 기도로 기획하고 기도로 제작한다.
2. 오직 그리스도의 성품을 사모하는 독자가 원하고 필요로 하는 책만을 출판한다.
3. 한 활자 한 문장에 온 정성을 쏟는다.
4. 성실과 정확을 생명으로 삼고 일한다.
5. 긍정적이며 적극적인 신앙과 신행일치에의 안내자의 사명을 다한다.
6. 충고와 조언을 항상 감사로 경청한다.
7. 지상목표는 문서선교에 있다.

하나님을 사랑하는 자 곧 그의 뜻대로 부르심을 입은 자들에게는 모든 것이 合力하여 善을 이루느니라(롬 8:28)

규장은 문서를 통해 복음전파와 신앙교육에 주력하는 국제적 출판사들의
협의체인 복음주의출판협회(E.C.P.A:Evangelical Christian Publishers
Association)의 출판정신에 동참하는 회원(Associate Member)입니다.